ドラゴン解剖学
竜の子孫の巻

中華文化スター列伝

中国モダニズム研究会

関西学院大学出版会

ドラゴン解剖学　竜の子孫の巻

中華文化スター列伝

中国モダニズム研究会

はじめに

　私たちがなにかを好きになる時、そのきっかけは「人」である場合が多いのではないでしょうか。

　ゲームに出てきた戦国武将のキャラクターが好きになり、そこから戦国時代に興味を持ったり、テレビ中継で見かけたスポーツ選手に一目惚れして、そのスポーツが好きになったり。映画やアニメの登場人物のような「架空の人物」に惹かれることもあるでしょう。身近にいる誰かのことが好きで好きでたまらなくなり、その人がよく聴いている音楽を自分も聴いてみる、といった経験も、多くの人が持っているのではないでしょうか（そしてその人への思いが薄れてしまった後も、音楽は聴き続けていたり……）。そう、私たちは、まず「人」に惹きつけられるのです。

　「ドラゴン解剖学」シリーズの2冊目にあたる本書『ドラゴン解剖学・竜の子孫の巻　中華文化スター列伝』は、20世紀以降の中国を、「人」で見ていくものです。全体を「政治」「文学」「舞台・映画」「知識人」「その他のジャンル」に分け、それぞれのジャンルについて、代表する「人」を中心に解説していきます。

　「人」について書かれた書物といえば、真っ先に思いつくのが伝記です。本書も、もしかしたらそのジャンルに入れてもいいものなのかもしれません。ただ、伝記は「その人がいかに偉大だったか」という視点で書かれるものが多いのですが、本書は決して、ある人物の「偉大な功績」を語る、ということを目的としたものではありません。本書で紹介する人物たちは、スーパーマンでも聖人君子でもない、生身の人間です。もちろん、全員がそのジャンルにおいて特筆すべき人物ではあるのですが、むしろ彼／彼女らの「人間らしさ」、苦悩や、悲しみや、怒りを、読み取るものです。場合によっては、その人物の負の面に触れることもあるでしょう。さまざまな要素を重ね合わせながら、われわれと同じ一人の人間が、いかにしてそのジャンルにおいて輝きを見せるようになったの

かを、各執筆者が解き明かしていきます。

　本書の構成は、シリーズ1冊目の『ドラゴン解剖学・登竜門の巻　中国現代文化14講』と同様です。読んでみて、その人物についてさらに調べたくなったら、参考文献を当たってみてください。できるだけ手に入りやすい文献を紹介しています。また章末の「読んでみよう・調べてみよう！」は、その人物でレポートや卒業論文を書いてみようと考えるようになった人の手助けとなるでしょう。

　作家や俳優、歌手などについては、ぜひ、彼／彼女らの作品を味わってみてください。作品に込められた作り手の思いが、きっと伝わってくることでしょう。昔一度触れたことのある作品も、本書を読んだあとでもう一度鑑賞すれば、さらに深い味わいが生まれてくると思います。

　この本を手に取った方が、「私の"中華圏お気に入りの人"」に出会え、そこから中華圏に興味を持ってもらえることを、心から願っています。

高橋　俊

目　次

はじめに ……………………………………………………………… 3

第1章　時代の夜明けを生きたヒロインたち
宋慶齢と近代中国の女性 ……………………………………… 9

封建社会の束縛をほどいて／自由恋愛と文明結婚の実践／時代の逆風のなかの女たち／戦争・内戦・文化大革命を超えて

第2章　農民、モボ、革命家、そして「神」と「悪魔」へ
毛沢東 ………………………………………………………… 25

「ベストセラー」をふる人びと／ハットリくんと毛沢東／毛沢東を知るために／毛沢東の青春――湖南のモボ、北京へ行く／共産党の異端児、戦火の中の人生／永久革命の思想／エピローグ――「神」になった毛沢東

第3章　共和国のヒーロー像
白毛女から雷鋒まで …………………………………………… 41

中国古典のキャラクターと共和国の英雄物語／白毛女――化け物から人間へ／武訓――英雄になり損ねた男／楊子栄――虎殺しの英雄／呉瓊花――戦闘美少女／雷鋒――永遠のヒーロー

第4章　海を渡り日本をめざす
魯迅と留学生たち ……………………………………………… 57

革命運動と文学・芸術活動――魯迅ら第一世代の留学生／エリートの満喫した大正文化――郭沫若・郁達夫ら第二世代／マルクス主義の洗礼――夏衍・黄瀛ら第三世代／国境を超えた連帯――胡風ら第四世代／軍靴のあしおとが聞こえる――張香山・雷石楡ら第五世代／日中戦争開戦後の留学生

第5章　まだ見ぬ星座を求めて
廃名と星々のものがたり ……………………………… 71

色とりどりの光——新詩について／現代のシャーマン——散文について／「怪力乱神」を語りつくそう——神秘と幻想の世界／まだ見ぬ星座を求めて——廃名と星々のものがたり

第6章　戦争・恋愛・家庭を描いた女性作家たち
張愛玲 ……………………………………………………… 85

国際都市・上海と香港における戦争／小説集『伝奇』と女性像／家庭・結婚を描いた女性作家たち／アイリーン・チャンとして——新中国建国後と晩年

第7章　激動の時代を生きた美しい男
梅蘭芳 ……………………………………………………… 97

男が演じる「うつくしい人」／女形の一族——梅家の芸／悠久の古都からまばゆきメトロポリスへ——梅蘭芳の上海公演／美の頂点を目指して——梅蘭芳とブレイン集団／「女形」と女性立役との恋物語／海外への飛翔と日本人の熱狂／"中国人"としてのプライド——日中戦争期の梅蘭芳／「解放」を迎えて——中国に残った梅蘭芳／栄光に包まれて——文化大革命に"間に合った"梅蘭芳の死

第8章　国家と歴史のはざまから
李香蘭 ……………………………………………………… 111

「両端を踏む」こと／李香蘭と呼ばれて／川島芳子との出会い／映画スターへの道／国籍不明のダンサー、ミス・マヌエラ／許泳、日夏英太郎、ドクトル・フユン／シャーリー・ヤマグチとイサム・ノグチ／「3時のあなた」から政界入りまで

第9章 孤高のヒーロー
ブルース・リー ……………………………………… 127

ブルース・リーの生涯 / ブルース・リーの作品 / ブルース・リーの香港 / ブルース・リーと「国家」/ 戦う理由・戦いの後味 / 戦いの系譜 / アイデンティティを求めて

第10章 一人の歌姫と〈二つの中国〉
テレサ・テンと鄧麗君 ……………………………………… 141

天才少女歌手鄧麗君の誕生 / テレサ・テン日本デビューと不正パスポート事件 / 中華民国の「愛国タレント」鄧麗君と中華人民共和国 / テレサ・テン日本再デビューと「愛人」イメージ / 幻の天安門広場でのコンサートと天安門事件 / テレサ・テン／鄧麗君の死 / テレサ・テン／鄧麗君とは？

第11章 政治に翻弄される知識人たち
銭鍾書と楊絳 ……………………………………… 157

士大夫とは誰か――欧米へ留学したエリートたち / 知識階級の「知」のかたち――銭鍾書の『囲城』/ 政治に翻弄される知識階級――楊絳の『風呂』

第12章 苦悩する自由派知識人
劉暁波が投げかける問い ……………………………………… 169

中国人初！のノーベル平和賞受賞。だが…… / すべては天安門から始まった / 民主化のうねりと『08憲章』/「私には敵はいない」/ 莫言のノーベル文学賞受賞

第13章 幻想と政治のはざまで
ダライ・ラマのいないチベット ……………………………………… 183

ダライ・ラマのいないチベット / チベット文化圏とチベット自

治区 / チベットの近代 / チベットへの道 / 転生するダライ・ラマとパンチェン・ラマ / チベットの現代 / チベット語と漢語でつづられる文学

第14章 21世紀の"鬼子"たちへ
日本鬼子 ··· 197

"抗日戦争"から"東方主戦場"へ / "鬼子"とはなにか / 鬼子ことば / "紅色経典"の"鬼子"たち / 増殖する"鬼子"たち / 日本人が演じる"鬼子" / 雷撃の抗日 / 「中国」について考えるために

あとがき ··· 213

中国地図 ··· 216
執筆者一覧 ·· 218

第1章
時代の夜明けを生きたヒロインたち

宋慶齢と近代中国の女性

約100年前に撮られた一枚の写真[1]。ゆったりとした中国服を身にまとい、熱心に書物を読んでいる女性が「国父」孫文(1866-1925)の夫人、「国母」宋慶齢(1893-1981)です。もの静かでありながら、強い意志の持ち主であった彼女の人となりが、この若き日の凛とした佇まいからもうかがえます。

慶齢が生まれた〈清朝〉末期、中国国内の識字率はわずか10パーセント以下にとどまり、とりわけ女性は読み書きができないのが当たり前

図1-1 若き日の慶齢

でした。〈儒教〉の教えのもと、女性の地位は低く、男子直系の「家」のために一生を捧げることが美徳とされてきました。女性の自立や社会進出という概念自体が存在していなかったのです。このような時代にアメリカへ留学した慶齢は、祖国改革への情熱を胸に抱き、長い道のりを歩みはじめます。

約300年続いた清王朝の崩壊、〈中華民国〉の幕あけ、そして相次ぐ内乱と戦争。乱世とも言うべき時代のなかで、中国の女性たちはどのよ

---

1 この写真は、宋慶齢が1921年頃に撮影し、慶齢と孫文の結婚式で媒酌人を務めた日本人の友人梅屋庄吉・トク夫妻に送ったものです。

うに伝統社会のしがらみを断ち切り、新たな世界へ羽ばたこうと奮闘したのでしょうか。本章では、慶齢の生涯を通して、近代中国の夜明けを生きた女性たちの志と挑戦について紹介したいと思います。

封建社会の束縛をほどいて

19世紀半ば、中国南端の〈海南島(かいなんとう)〉の貧家に生まれた慶齢の父、宋嘉樹(そうかじゅ)(1864-1918)はアメリカで商売を営む〈華僑(かきょう)〉の叔父の養子となり、人生を切り拓きます。アメリカの大学で神学を学び、帰国後は欧米の〈租界(そかい)〉を擁する国際都市〈上海〉で宣教師として活動、やがて実業家に転身して成功をおさめました。海外で世界の動向を目にした彼は、清朝を倒し、新たな民主国家の設立を目ざす孫文・黄興(こうこう)らの革命運動の支援者となります。一方、慶齢の母、倪桂珍(げいけいちん)(1869-1931)は、上海の良家の子女でミッションスクールの卒業生でした。親の代からクリスチャンであったため、儒教の〈三従(さんじゅう)〉の教えに束縛されず、また当時の中国人女性としては珍しく〈纏足(てんそく)〉をしていなかったことも、娘たちの教育に大きな影響を与えたと言えるでしょう。

孔子(こうし)を始祖とする儒教は、中国の王朝政治と男権社会を支える道徳体系として、約2千年もの間、人々の生活を規定してきました。〈一夫多妻制(いっぷたさいせい)〉のもと、女性は「三従」、すなわち「いまだ嫁せずして父に従い、すでに嫁して夫に従い、夫死して子に従う」ことが説かれ、貞節を死守することが求められました。『列女伝(れつじょでん)』に綴られた「貞女」像こそが生き方の手本であり、妻から離婚を申し出ることはできず、夫の死後も再婚は認められませんでした。また家の後継ぎとなる男児を生まなければ、白眼視され、肩身のせまい思いをしました。

このような儒教における「男尊女卑」を「旧習」として強く批判したのが、中国の近代文学の創始者、魯迅(ろじん)(1881-1936)［第4章参照］・周作人(しゅうさくじん)

---

2 前漢の劉向が編んだ『列女伝』の日本語訳には、中島みどり訳注『列女伝』(平凡社東洋文庫、2001)などがあります。また儒教の貞操観に関する近年の研究として、魏則能『中国儒教の貞操観――儒学思想における貞操観と貞節牌坊』(桜美林大学北東アジア総合研究所、2015)が挙げられます。

第 1 章　時代の夜明けを生きたヒロインたち　宋慶齢と近代中国の女性

(1885-1967) 兄弟でした。魯迅はしばしば、故郷〈紹興〉を舞台に伝統社会のなかで虐げられてきた人々の人生をペンですくい上げました。小説「祝福」(1924)³に登場する夫を亡くした農婦は、姑に再婚先に売り飛ばされ、さらに息子を不慮の事故で失います。いわゆる儒教の道から外れた彼女は社会の除け者となり、地獄に堕ちることを恐れながらこの世を去ります。また弟の周作人は、女性のみに求められる貞操観に疑問を呈し、**与謝野晶子**の貞操論を紹介するなど、婦女の権利を擁護する文章を次々と発表しました。⁴

一方、「纏足」とは、幼女の頃に足の指を折り曲げて布をきつく巻き、足の骨を砕いて成長を止める〈漢族〉女性特有の風習です。その処置は泣き叫ぶほどの激痛を伴い、歩行がままならないのですが、当時の男性たちの審美眼によれば、小さな足は美人の条件であり、よき縁談のため上中流階級の娘たちは纏足を受け入れました。清朝末期から 1970 年代まで、祖母・母・娘の三代にわたる波乱万丈の人生を描いた**ユン・チアン**（Jung Chang、張戎、1952-）『ワイルド・スワン』（土屋京子訳、講談社文庫、1998、上巻新版、2007）では、かつて村一番の美貌であった祖母が寺詣りの際に纏足でよろめき、その姿が東北軍閥の将軍を魅了し、妾として嫁ぐことになった昔話が語られています。

中国を訪れた西洋人宣教師の手により、女性解放運動の一つとして〈天足〉〔纏足をほどこさない、自然のままの足〕が提唱され、都市部の開明派の人々の間で纏足の習慣は徐々に廃れてゆきます。しかし、女性自身の意識が覚醒するのは難しく、纏足の風習が断絶するのは、1950 年代のことでした。纏足は母から娘へと引き継がれた風習でもあったことを鋭く捉えたのは、現在なお中国語圏で高い人気を誇る、1940 年代の上海で活躍した女性作家**張愛玲**［第 6 章参照］の「金鎖記」(1943)⁵です。こ

　3　日本語訳には、竹内好訳「祝福」（『魯迅文集』1、ちくま文庫、1991）、藤井省三訳「祝福」（『酒楼にて／非攻』、光文社古典新訳文庫、2010）などがあります。
　4　周作人の文章の日本語訳には、松枝茂夫訳『周作人随筆』（冨山房百科文庫、1996）、木山英雄編訳『日本談義集』（平凡社東洋文庫、2002）などがあります。
　5　日本語訳は、池上貞子訳「金鎖記」（『傾城の恋』平凡社、1995）があります。

の小説では、もはや纏足が流行遅れになった時期に、不幸な結婚をした母親が娘の青春に嫉妬し、纏足を強制する歪んだ心理が描かれています。纏足の歴史について詳しく知るには、夏暁紅『纏足をほどいた女たち』（藤井省三監修、清水賢一郎・星野幸代訳、朝日出版社、1998）、高洪興『図説　纏足の歴史』（鈴木博訳、原書房、2009）、スーザン・マン『性からよむ中国史――男女隔離・纏足・同性愛』（小浜正子、リンダ・グローブ監訳、平凡社、2015）などが参考になります。

図1-2　宋家の三姉妹（左：慶齢、中：靄齢、右：美齢）

さて、クリスチャンであった慶齢の両親は、娘に息子と同等の教育を授け、姉靄齢（1889-1973）に続き、慶齢は妹美齢（1897?-2003）とともに1907年、わずか14歳でアメリカへ渡りました。同年、中国では女子の義務教育がはじまったばかりであり、約10年後、ようやく初の女子の高等教育機関である北京女子高等師範学校が設立されます。このような当時の中国の女子教育の状況を踏まえれば、慶齢たちの環境がいかに恵まれていたかが理解できるのではないでしょうか。三姉妹はアメリカの名門女子大学で学び、のちに姉靄齢は孔子の子孫である資産家、国民政府で財務大臣を務めた孔祥熙（1880-1967）と結婚、妹美齢は孫文の死後、国民党を率いた軍人蔣介石（1887-1975）の夫人となり、いずれも近代中国の政治と経済の表舞台で活躍します。

この「宋家の三姉妹」が歩んだ異なる道は、それぞれ美齢、靄齢、慶齢を指して「一人は権力を愛し、一人は富を愛し、そして一人は国を

6　さらに岡本隆三『纏足物語』（東方書店東方選書、1986）、ドロシー・コウ『纏足の靴――小さな足の文化史』（小野和子・小野啓子訳、平凡社、2005）などの書籍があります。

第 1 章　時代の夜明けを生きたヒロインたち　宋慶齢と近代中国の女性

愛した」と語り継がれてきました。国際都市上海を舞台とした宋家一族の栄華については、『**上海人物誌**』（日本上海史研究会編、東方書店、1997）のなかで紹介されています。また中国女性を取り囲む社会状況の変遷については、『**中国女性の一〇〇年——史料にみる歩み**』（中国女性史研究会編、青木書店、2004）、『**中国女性史入門——女たちの今と昔**』（増補改訂版、関西中国女性史研究会編、人文書院、2014）が多様な角度から取り上げています。

図1-3　アメリカ留学時代の慶齢

自由恋愛と文明結婚の実践

　父親の性格を引き継ぎ、人一倍正義感の強かった慶齢は、当初は医師として祖国の人々を救うことを将来の夢としていました。時あたかも、辛亥革命の成功により中華民国が誕生、孫文が臨時大総統に就任したニュースを耳にした慶齢は喜び勇みました。しかしながら、中国各地では軍閥の支配が続き、孫文は北洋軍閥の**袁世凱**（1859-1916）に大総統の座を譲り、日本に亡命して再起を図ります。当時、日本には中国の民主化を支持し、日中両国の提携を願う〈**アジア主義者**〉が少なからずおり、隠れ家を提供するなど孫文の活動を熱心に支援しました。1913年、アメリカ留学を終えた慶齢は日本へ向かいます。孫文の英語秘書を務めていた姉の靄齢が結婚し、そのあとを継ぐためでした。この日本行きは慶齢の運命を大きく変えることになります。

　間もなく30歳近く年の離れた、しかし、政治の理想を共有する慶齢と孫文の関係はロマンチックなものへと変わります。生涯情熱的な革命家であった孫文には、故郷の〈**広東**〉に正妻のほか、亡命先のマレーシ

アや横浜にも生活を共にした女性がいました。香港の**デレク・チウ**（趙崇基、1961-）監督の映画『**孫文——100年先を見た男**』（2006）は、革命前夜の孫文の姿を革命運動の同志で恋人であった**陳粋芬**（1873-1960）とともに描き、新たな孫文像を伝えています。孫文が正妻と離婚したのち、1915年東京で慶齢と孫文は支援者であった実業家の**梅屋庄吉**（1868-1934）・**トク**（1875-1947）夫妻を仲人に結婚式を挙げました。[7]日本語で作成された結婚誓約書に綴られていたのは、夫婦間における男女平

図1-4　孫文・慶齢の結婚写真、梅屋トクとともに

等の精神でした。このように日中戦争前夜まで、慶齢と日本の縁は深いものであったと言えるでしょう。慶齢と孫文のドラマチックな出会いと愛情は、**平路『天の涯までも——小説・孫文と宋慶齢』**（池上貞子訳、風濤社、2003）で語られています。

　ところで、慶齢が両親の反対を押し切り、自分の意志で孫文を配偶者に選び、また孫文が正妻と離婚した上で慶齢と結婚したことは、当時としては珍しく、まさに「近代的」な結婚でした。伝統的な中国の〈**家制度**〉では、婚姻とは双方の「家」を結び付ける制度であり、結婚相手は親が決め、結婚式の当日、花嫁と花婿がはじめて顔を合わせることも決して珍しくありませんでした。さらに若い女性が買われる売買婚も頻繁に行われました。民国期の人気作家、**沈従文**（1902-1988）は淡い抒情を

　7　梅屋夫妻と孫文夫妻との交流については、読売新聞西部本社編『盟約ニテ成セル——梅屋庄吉と孫文』（海鳥社、2002）、小坂文乃『革命をプロデュースした日本人』（講談社、2009）、『特別展　孫文と梅屋庄吉——100年前の中国と日本』（東京国立博物館、毎日新聞社、2011）で詳しく述べられています。

第 1 章　時代の夜明けを生きたヒロインたち　宋慶齢と近代中国の女性

こめて、貧しさゆえに幼少期に婚家に入り、年下の夫の子守りや家事労働を担う〈童養媳〉の少女、生活のために売春船で働く農民の妻など、故郷〈湖南〉の庶民の女性たちの日常を小説で綴っています。近年では、張　芸謀（1950-）により映画化された『紅いコーリャン』（1987）、『紅夢』（1991）は、不幸な結婚を強いられた女性たちの苦しみと抑圧された欲望を鮮烈な色彩で描き、中国映画の存在を世界に知らしめました。そのほか、「一夫多妻制」のもと、一つ屋根の下に暮らす女たちの嫉妬と凄惨な争いは、映画『紅夢』でも描かれています。また中国系アメリカ人の女性作家エィミ・タン（Amy Tan、譚恩美、1952-）の『ジョイ・ラック・クラブ』（小沢瑞穂訳、角川文庫、1989）では、日中戦争後にアメリカへ移民した中国人女性と次世代のアメリカ生まれの娘の人生が交錯しながら語られていますが、物語のなかでは、第三夫人として屈辱的な日々を送った上の世代の女性たちの生涯もしのばれています。

　さて、1919 年 5 月 4 日、第一次世界大戦のベルサイユ条約と日本の中国侵略への反対をかかげて〈北京〉の学生を中心に広がった〈五四新文化運動〉では、男性知識人が先頭に立ち、封建的な家制度を批判し、〈自由恋愛〉、そして恋愛にもとづく〈文明結婚〉の実施を大々的に叫びました。しかしながら、伝統のしがらみを断ち切ることは容易ではなく、恋愛と結婚をめぐり現実と理想のはざまで青年たちは揺れ動きました。前出の魯迅は、母親の願いを退けることができず、故郷の許嫁と結婚します。しかし、読み書きのできない旧式の妻に愛情を抱けず、別居を続け、

　8　童養媳をヒロインとした小説「蕭蕭」の日本語訳には、城谷武男訳「蕭蕭」（『饕餮』第 2 号、中国人文学会、1994）があり、また謝飛・烏蘭監督『湘女蕭蕭』（1986）で映画化されています。売春船で働く妻を訪ねる夫を描いた小説「夫」の日本語訳には、小島久代訳「夫」（『辺境から訪れる愛の物語　沈従文小説選』、勉誠出版、2013）などがあります。
　9　原作である莫言の小説『紅高粱』『紅高粱家族』の日本語訳には、井口晃訳『赤い高粱』（岩波現代文庫、2003）『赤い高粱（続）』（岩波現代文庫、2013）などがあります。
　10　原作は蘇童の小説『妻妾成群』であり、日本語訳には千野拓政訳「妻妾成群　紅夢」（『季刊中国現代小説』第 1 巻 20 号、1992）があります。
　11　オリバー・ストーン監督が手がけた同作の映画『ジョイ・ラック・クラブ』（1993）もあります。

のちに北京女子高等師範学校での教え子、**許広平**(きょこうへい)(1898-1968)と家庭を築きました。[12]また五四時期を代表する女性作家**黄廬隠**(こうろいん)(1899?-1934)も同校の卒業生ですが、すでに正妻のいる恋人との恋愛結婚に踏み切ります。ところが周囲の目は冷たく、夫が病死すると失意のうちに夫の家を去り、のちに年下の大学生と再婚しました。中国の家制度からの女性たちの自立の歩みは、**白水紀子**(しろうずのりこ)**『中国女性の20世紀──近現代家父長制研究』**(明石書店、2001)、**『ジェンダーから見た中国の家と女』**(関西中国女性史研究会編、東方書店、2004)、**『中国現代女性作家群像──人間であることを求めて』**(南雲智編著、論創社、2008)で丹念にたどられています。また中国における恋愛観の変遷について知るには、**張競**(ちょうきょう)**『近代中国と「恋愛」の発見──西洋の衝撃と日中文学交流』**(岩波書店、1995)が参考となります。

時代の逆風のなかの女たち

1916年、孫文と慶齢は日本での亡命生活を終えて中国へ帰国します。孫文は上海を拠点として〈**中国国民党**〉を結成、やがて広東で政権を再建します。〈**第一次世界大戦**〉後、日本政府は〈**対華二十一カ条要求**〉を突きつけるなど、西洋列強と肩を並べて中国での権益拡大をねらうようになり、強国に包囲された中国の内部分裂は深まるばかりでした。この状況を打破すべく、孫文は〈**ロシア革命**〉を成功させたソ連の協力を得て〈**中国共産党**〉と手を組み、〈**国共合作**〉(こっきょうがっさく)による国家統一を目指すようになります。当時、夫とともに敵の銃火に包囲された慶齢は、流産という不幸に見舞われています。

1924年、北洋軍閥との会談のため北京に向かう孫文と慶齢は、神戸に寄港し、慶齢は「不平等条約の撤廃」と「各国の女性の連帯」を訴える講演を行いました。北京到着後、病に倒れた孫文は帰らぬ人となります。慶齢の祖国改革への想いは、むしろ志半ばで倒れた孫文の遺志を継ぐため、一層**強靭**(きょうじん)なものへと変わったと言えるでしょう。

---

12 魯迅と許広平の間で取り交わされた手紙は「両地書」としてまとめられ、日本語訳では、中島長文訳「両地書」(『魯迅全集』13、学習研究社、1985)などがあります。

第 1 章　時代の夜明けを生きたヒロインたち　宋慶齢と近代中国の女性

　翌年、上海で日系紡績工場の労働争議のデモに参加した中国人がイギリス人警官に発砲され、死者が出た〈五・三〇事件〉では、慶齢はデモ参加者の保護に奔走しました。〈武漢国民政府〉では中央執行委員会委員、婦人部長に選出されますが、孫文亡き後の国民党の分裂は深

図1-5　孫文・慶齢夫妻と蔣介石

まるばかりでした。新たな国民党のリーダーとなった国民革命軍総司令の蔣介石は、1926年〈北伐〉を開始します。そして翌年突如〈上海クーデター〉を起こし、共産党員を逮捕、処刑し、〈南京国民政府〉を樹立しました。この孫文の遺志に背いた行動の裏には、資産家たちと蔣介石政権との結託があったと指摘されています。蔣介石と美齢の婚姻により、国民政府はさらに財閥宋家をはじめとする経済界の大きな支援を得、慶齢は実の姉妹とも対立することになりました。国民党を離脱した傷心の慶齢は一人、モスクワとベルリンへ渡り、1931年の最愛の母の死をきっかけにようやく帰国の途へ就きます。

　日本軍が中国の領土を侵攻し、〈満洲事変〉[13]、〈上海事変〉が勃発すると、〈抗日〉を求める声が高まりますが、南京国民政府は依然として共産党征伐を優先しました。そのようななか、慶齢は上海で負傷兵の救急活動に力を注ぎ、さらに作家魯迅、北京大学学長を務めた**蔡元培**（1868-1940）ら自由派知識人とともに政治犯の救済に取り組みます。魯迅もまた政府の逮捕リストに名を連ねていましたが、彼が亡くなった際、慶齢は葬儀委員長を務め、5千人以上の参列者とともにその死を悼みました。蔣介石側は慶齢の暗殺を企てたものの、未遂に終わったと言われています。

13　生田美智子編『女たちの満洲――多民族空間を生きて』（阪大リーブル、大阪大学出版会、2015）では、その地で暮らした女性の視点から日本の傀儡国家「満洲国」の形成を捉えています。

ところで、1930年代に入ると、上海を中心とした都市の発展に伴い、新しい思想やファッションを追求するモダンガール、デパートや工場で働く女性が増えてゆきます。これに対して蒋介石政権は人々に生活の規律や倹約を命じる〈新生活運動〉をすすめ、「賢妻良母」〔日本語では「良妻賢母」〕主義を主張し、「婦女回家」〔女性は家に帰れ〕を提唱しました。さらに一部の都市で

図1-6　魯迅の葬儀にて

男女共学の廃止、女子職員の解雇を行うなど、女性解放運動の阻止に乗り出しました。皮肉にも、このような保守的な女性論推進の先頭に立ったのは、蒋介石夫人の美齢です[14]。

当時、新旧の女性像のはざまにあった女性たちの苦境を捉えた映画として、蔡楚生（さいそせい）(1906-68)監督の『新女性』(1935)が挙げられます。恋愛結婚に失敗したヒロインは上海に行き、学校教師として母子家庭を支えるものの、男たちの欲望の対象となり、自立の道を閉ざされ、屈辱のなか息絶えます。そのヒロインを演じた人気女優阮玲玉（げんれいぎょく）(1910-35)は男性関係のゴシップに悩み、あたかも映画の役柄を生きるがごとく20代で命を断ち、世間の注目を集めました。香港のスタンリー・クワン（関錦鵬、1957-）監督の映画『ロアン・リンユィ 阮玲玉』(1991)は、女優であると同時に一人の女性であった彼女の姿を描いています。一方、夫を国民党に殺害された作家丁玲（ていれい）(1904-86)、のちに毛沢東夫人・江青（こうせい）として権勢をふるう女優藍萍（らんへい）(1914-91)のように共産主義に共鳴し、過去の自己と決別し、共産党の本拠地〈延安（えんあん）〉へ向かう若い女性もいました。小

14　村田雄二郎編『《婦女雑誌》からみる近代中国女性』（研文出版、2005）では、女性向け雑誌に描かれた、時代が求める女性像の変化について紹介しています。

第 1 章　時代の夜明けを生きたヒロインたち　宋慶齢と近代中国の女性

浜正子編『ジェンダーの中国史』（『アジア遊学　191』、勉誠出版、2015）は、中国の各時代の女性たちの生涯とそれを取り巻く文化的背景をジェンダーの視点から捉えた参考となる一冊です。[15]

戦争・内戦・文化大革命を超えて

　1937 年〈日中戦争〉が勃発すると、日本軍部は中国各地を占領し、人々の生活に大きな爪痕（つめあと）を残しました。日本占領下の上海に留まった魯迅の妻、許広平は日本の憲兵隊に逮捕され、暗黒の日々を送ります。[16] 慶齢はイギリス植民地の〈香港〉に避難し、海外の華僑の協力を得て抗日運動を展開しますが、〈太平洋戦争〉で香港もまた日本軍により陥落すると、〈国民党統治区〉の〈重慶（じゅうけい）〉に身を寄せました。

　当時重慶には、戦火を逃れて移転した教育機関や文化人たちが集まっていました。台湾の文学研究者として知られる齊邦媛（せいほうえん）（1924-）の自伝『巨流河（きょりゅうが）』（池上貞子・神谷まり子訳、作品社、2011）では、戦時下での青春の日々が語られています。重慶で日本軍の大規模な爆撃に遭い、死に直面した主人公の少女が、戦乱に翻弄されながらも生き抜くことを力強く決意する姿が心に残ります。あくまでも特権階級の宋家一族とは距離を置き、質素な生活を送った慶齢は、当時海外のジャーナリストから「中国の良心」と称されました。**仁木ふみ子『抗日戦争と一女性──宋慶齢の場合』**（ブックレット生きる、アドバンテージサーバー、1995）は、戦時の慶齢の活動をまとめています。一方、妹の美齢はアメリカを訪問し、得意の英語で中国への支援を訴える演説を行い、ファーストレディとして華やかな対米外交で活躍しました。[17] しかし、戦時下の庶民の苦しい生活を顧みない豪奢な私生活により、やがて国内外の批判を浴びることになり

　15　『ジェンダーの中国史』には、江青の生涯を紹介した秋山洋子「江青──女優から毛沢東夫人、文革の旗手へ」が収められています。

　16　やや古い本となりますが、逮捕の記録は、許広平『暗い夜の記憶』（安藤彦太郎訳、岩波新書、1974）で綴られ、戦争の残虐さを伝えています。

　17　宋美齢の活動に関しては、榎本泰子『上海──多国籍都市の百年』（中公新書、2009）のなかで簡潔にまとめられています。

ます。

　1945 年、中国側の勝利でようやく日中間の全面戦争が終結するものの、今度は〈国共内戦〉が始まります。共産党が優位に立つなか、靄齢夫妻はアメリカへ、美齢と蒋介石は国民政府とともに台湾へと渡り、生涯ふたたび中国の土地を踏むことはありませんでした。三姉妹の異なる人生を比較するには、『宋家三姉妹——中国を支配した華麗なる一族』（NHK 取材班編、角川書店、1995）、**山崎朋子『アジアの女性主導者たち』**（筑摩書房、1997）がおすすめです。

　1949 年、中国に共産党政権の〈中華人民共和国〉が創立すると、宋家ではただ慶齢一人が残り、国家副主席に就任しました。以後、アジア各国の女性の連帯による平和共存、国内では母子の保護のために尽力しました。新しい婚姻法のもと、「一夫一婦制」「男女平等」が法律で定められ、女性の社会的地位は向上し、また妾や娼婦の職にあった女性たちは「解放」されます。ただし、この「解放」は一部の女性にとっては、新たな束縛ともなりました。**李少紅**（り しょうこう）(1955-) 監督の映画『**べにおしろい**』(1994) では、労働改造所へ送られた元娼婦の女性が管理ずくめの生活に馴染めず、やがて社会から転落してゆく姿が描かれています。またその後の度重なる政治運動のなかで、輝かしいスローガンであった「男女平等」は、むしろ男女の性差を認めず、時には女性から女性性を奪う暴力的行為へと姿を変えたことも留意すべきでしょう。

　〈**冷戦**〉（れいせん）の影響下、1950 年代後半の〈**反右派闘争**〉（はんうはとうそう）以降、**毛沢東**（もうたくとう）［第 2 章参照］の政治指導はしだいに独裁的なものへと変わり、民主派の文化人もまた批判対象となりました。〈**文化大革命**〉の際には、慶齢さえ

　18　日本の植民支配を受けた台湾は、中国大陸とは異なる近代化の道を歩みました。洪郁如『近代台湾女性史 ── 日本の植民統治と「新女性」の誕生』（勁草書房、2001）、台湾女性史入門編纂委員会編『台湾女性史入門』（人文書院、2008）は、台湾の女性史を知る入口となります。

　19　映画の原作、蘇童の小説「紅粉」の日本語訳「紅おしろい」は、蘇童著、竹内良雄・堀内利恵訳『離婚指南』（コレクション中国同時代小説 4、勉誠出版、2012）に収められています。

第 1 章　時代の夜明けを生きたヒロインたち　宋慶齢と近代中国の女性

も「ブルジョア階級」と糾弾され、
周恩来(しゅうおんらい)の保護でようやく危機を免
れます。文化大革命は多くの人々、
そして女性たちの人生を踏みにじり
ました。田壮壮(でんそうそう)(1952-)監督の映画『青
い凧(たこ)』(1993) は、過酷な政治運動の
なかで夫を失い、生活のため再々婚
した三人目の夫さえもが〈紅衛兵(こうえいへい)〉
に連れ去られるヒロインの姿に迫
り、映画界に衝撃を与えました。ま
た陳丹燕(ちんたんえん)『上海音楽学院のある女学

図 1-7　毛沢東・周恩来と

生の純愛物語』（樋口裕子訳、講談社、2004）では、文化大革命の指導者として権勢をふるった毛沢東夫人、江青の過去を知るため迫害を受け、自殺に追い込まれた著名な映画女優とその娘の悲劇が記されています。そのほか、アメリカ在住作家イーユン・リー（李翊雲、1972-）は、小説『さすらう者たち』（篠森ゆり子訳、河出書房新社、2010）において二人の若い女性の死を描き、誰もが被害者・加害者の双方に成り得る時代の息苦しさを深く捉え、読む者に熟考をうながします。なお、悪名高き江青には、共産党政権における男女不平等を批判するなどフェミニストとしての一面もあったと言います。

　社会の平穏が戻りつつある 1981 年、慶齢は北京で亡くなり、その直前に共産党への入党が許可されました。いかなる時も権威を好まなかった彼女らしく、孫文を祭る南京の中山陵(ちゅうざんりょう)への埋葬を拒み、両親が葬られた上海の墓地に眠ることを望み、その願いは叶えられました。[20]慶齢の遺志を継ぎ設立された中国宋慶齢基金会は、今日に至るまで母子保護や幼児教育のための活動を続けており、その一環として日中間の教育交流が

20　現在、墓地は宋慶齢陵園として公開されています。また慶齢・孫文夫妻が暮らした上海の邸宅は孫文故居記念館、慶齢が暮らした上海と北京の住まいは宋慶齢故居として公開されています。

行われています。

　中国のドラマ**『宋慶齢の生涯』**（中国中央電視台、1991）、香港の**メイベル・チャン**（張婉婷、1950-）監督の映画**『宋家の三姉妹』**（1997）は、映像を通して慶齢のひたむきな生き方を知る手がかりとなります。また**『宋慶齢選集』**（仁木ふみ子訳、ドメス出版、1979）のほか、慶齢自身から伝記の執筆を依頼されたポーランド出身のジャーナリストの筆による**イスラエル・エプシュタイン『宋慶齢——中国の良心・その全生涯』**（久保田博子訳、サイマル出版会、1995）、そして同書の翻訳者が自ら綴った**久保田博子『宋慶齢——人間愛こそ正義』**（汲古書院、2016）は、慶齢の全生涯をたどるのに最も相応しい一冊でしょう。

　宋慶齢は、たった一人になると、ピアノで賛美歌を弾いていたといいます。激動の近代中国の歴史の表舞台に立ち続け、しかし、権力とは一定の距離を置き、弱者や民衆に寄り添った彼女を支えたのは、一つには両親から受け継いだクリスチャンとしての強い信仰心であったかもしれません。西洋的な教養を中国の土壌に溶かし込み、苦難の時も根を張って生きたその生涯は、近代の夜明けを生きた女性の先駆者であると同時にまた自由派知識人であった彼女の知性と不屈の精神を今日に伝えています。

第1章　時代の夜明けを生きたヒロインたち　宋慶齢と近代中国の女性

 読んでみよう・調べてみよう！

1　宋慶齢あるいは同時代の人々の伝記を読み、当時の人々がいかにジェンダーなどの既成概念を乗りこえて生きようとしたのか、歴史の流れとともに捉えてみよう

2　宋慶齢・孫文と当時の日本人との交流について調べてみよう

3　纏足のように身体を加工する風習とその文化的意味について調べてみよう

第2章
農民、モボ、革命家、そして「神」と「悪魔」へ

毛沢東

「ベストセラー」をふる人びと

現代中国論などの授業で、1966年から1976年までつづいた〈文化大革命〉の映像を見たというかたもいらっしゃるのではないかと思います。太ったおじさんが広い川でプカプカと浮かぶシーンを見せられ、すぐに場面が変わって〈天安門広場〉を埋める大勢の人びとが映し出されます。そこに集まった

図2-1　長江を泳ぐ毛沢東
（写真提供：AFP＝時事）

人びとは、手に手に赤い小さな本を振りかざし、「毛主席万歳！」と叫んでいます。やがて、さっき川に浮いていた太ったおじさんが悠然と天安門に現れ、手を振ります。彼を仰ぎ見た若い女子学生たちは、感激のあまり涙にむせび、卒倒さえしかねないような勢いです。

そう、この太ったおじさん、すなわち本章の主人公である**毛沢東**（1893-1976）は、20世紀の一時期、確かに全世界の若者

図2-2　紅衛兵に接見する毛沢東

（出典）楊克林編著『文化大革命博物館』上、東方出版社有限公司、1995

たちに影響をあたえた「赤いスター」だったのです。文化大革命中に人びとが手にしていた小さな赤い本は、毛沢東の著作の断片を集めた『**毛主**

席語録』（日本語訳は『毛沢東語録』、竹内実訳、平凡社ライブラリー、1995）であり、一説では、人類史上、『聖書』に次ぐ第２位のベストセラーとされています。

ハットリくんと毛沢東

漫画家の**藤子不二雄Ⓐ**（1934-）は、1971年に若者向けの漫画雑誌に「**劇画毛沢東伝**」（復刻版、実業之日本社、2003）を連載しました。この劇画は、あたかも木版画を思わせるかのような、べた塗りの黒を多用した力強い筆づかいで描かれています。冒頭は 1949 年 10 月 1 日の〈中華人民共和国〉の建国宣言をする毛沢東の姿を描き、その後で毛沢東の誕生から人民共和国建国にいたる道のりを、毛沢東自身の言葉をおりまぜながら描いてゆきます。彼の革命家と

図 2-3 『劇画　毛沢東伝』（復刻版）表紙

しての前半生のみを描いているわけです。これは、この劇画が「革命家」シリーズであったからでもあり、また藤子不二雄Ⓐが主に依拠した**エドガー・スノー**『**中国の赤い星**』（上・下、松岡洋子訳、ちくま学芸文庫、1995）というルポが 1944 年までしか記述していなかったからでもありましょう。しかし、いちばんの理由は、藤子不二雄Ⓐが建国までの毛沢東を「パワーあふれる革命の戦士であると同時に、志の高いロマンチスト、ヒューマニストでもあった」とし、建国後の彼を「ロマンを捨てた国内闘争の道」を歩む大指導者として、この落差に「毛沢東の悲劇」を見ていたからだと思われます[1]。そして藤子不二雄Ⓐは、毛沢東を「いずれにせよ、毛沢東は今世紀、最大のヒーローには違いないだろう」としています[2]。ヒーローという点で、「劇画毛沢東伝」の主人公・毛沢東は、ハッ

1　藤子不二雄Ⓐ『劇画毛沢東伝』（復刻版）「あとがき」。
2　同上。

第 2 章　農民、モボ、革命家、そして「神」と「悪魔」へ　毛沢東

トリくんたちに通じるものがあったのではないでしょうか。そして、「赤いスター」、ヒーローとしての毛沢東のイメージは、中国や日本ばかりではありませんでした。かなたフランスでも、**ジャン＝リュック・ゴダール**監督（1930-）が映画『**中国女**』（1967）で毛沢東に傾倒するソルボンヌ大学の学生群像を描いています。

毛沢東を知るために

　毛沢東は、20 世紀最大のヒーロー兼独裁者のひとりでもあったためか、彼の著作や彼に関する研究書は、山のように出版されています。

　毛沢東の著作は、『毛沢東語録』のほかに、『**毛沢東選集**』（第 1-5 巻、外文出版社、1968-77）や『**実践論・矛盾論**』（松村一人・竹内実訳、岩波文庫、1957）、『**文芸講話**』（竹内好訳、岩波文庫、1956）などがあります。また若き日の毛沢東の著作を集めたものには、『**毛沢東初期詞文集――中国はどこへ行くのか**』（竹内実編訳、岩波現代文庫、2000）があります。

　毛沢東について書かれた代表的な新書をあげますと、**貝塚茂樹**『**毛沢東伝**』（岩波新書、1956）、**竹内実**『**毛沢東**』（岩波新書、1989）、**遠藤誉**『**毛沢東――日本軍と共謀した男**』（新潮新書、2015）などがあります。この三冊は、それぞれの時代の中で書かれたものであり、毛沢東の人生への評価が大きな違いを見せています。ぜひ読み比べて、いわゆる「学問」と称されるものがいかに時代と政治を色濃く反映するものかということを感じ取ってみてください。また**高島俊男**『**中国の大盗賊・完全版**』（講談社現代新書、2004）は、流民をまとめあげて皇帝となっていった劉邦や朱元璋などの歴史的伝統の中で毛沢東を論じたものです。

　また毛沢東の後半生は、とりもなおさず中国のリーダーとしての人生でした。**天児慧**『**中華人民共和国史**』（岩波新書、2013 新版）や**国分良成**『**中華人民共和国**』（ちくま新書、1999）、**久保亨**『**社会主義への挑戦 1945-1971　シリーズ中国近現代史 4**』（岩波新書、2011）、**高原明生、前田宏子**『**開発主義の時代へ 1972-2014　シリーズ中国近現代史 5**』（岩波新書、2014）なども、ぜひ参考にしてみてください。

このほかに単行本で最近出たものの中からあげれば、**ユン・チアン、ジョン・ハリデイ『真説毛沢東――誰も知らなかった実像』**(上・下、土屋京子訳、講談社+α文庫、2016)や**銭理群『毛沢東と中国――中華人民共和国史』**(上・下、阿部幹雄他訳、青土社、2012)などがあるでしょう。特に後者は、1939年生まれの北京大学教授であった著者が自分の人生と重ね合わせて、毛沢東の思想や政治を語ったものであり、重厚な本となっています。**権延赤『人間毛沢東――最後の護衛長李銀橋は語る』**(田口佐紀子訳、徳間書店、1990)、**李志綏『毛沢東の私生活』**(新庄哲夫訳、文春文庫、1996)は、毛沢東の護衛長や主治医の立場から彼の生活を回想した異色の伝記となっています。詩人としての毛沢東に焦点を当てたものとしては、**武田泰淳・竹内実『毛沢東――その詩と人生』**(文藝春秋新社、1965)があります。また**内藤陽介『マオの肖像 毛沢東切手で読み解く現代中国』**(雄山閣出版、1999)は、郵便切手に見られる毛沢東の肖像の変遷を論じたものです。

毛沢東の青春――湖南のモボ、北京へ行く

それでは、毛沢東という人は、どんな人生を歩んだのでしょうか。

毛沢東は、1893年12月26日に湖南省湘潭県にある韶山冲という村に生まれました。毛沢東の父である**毛貽昌**(1870-1920)は、もともと貧しい農民でしたが、毛沢東が育つころには、土地を人に貸しながら、自分たちでも農業を営んでいたそうです。母の**文七妹**(1867-1919)は、観音菩薩を厚く信仰していたと伝えられています。毛沢東には、**毛沢民**(1896-1943)、**毛沢覃**(1905-30)という二人の弟がいました。

毛沢東は、8歳のときに、韶山冲の私塾で〈**儒教**〉の古典で

図2-4 韶山の毛沢東生家
(撮影:齊藤大紀)

第2章　農民、モボ、革命家、そして「神」と「悪魔」へ　毛沢東

ある『四書』などを学びはじめました。1910年、17歳のときに、父の反対を押し切って、隣町の湘潭県の高等小学校に入学し、初めて西洋式の教育にふれました。ここで世界にアメリカという国があることなどを知ります。〈清朝〉最後の年である1911年、毛沢東は、省都の〈長沙〉に出て中学校に入り、ここで生まれて初めて新聞というものを読みました。『民立報』という民族革命派の新聞です。そして、〈辛亥革命〉の革命軍に参加します。

1912年、毛沢東は湖南省立第四師範学校〔翌年には第一師範学校と合併〕に入学します。当時の師範学校は、教員となることを前提に授業料が免除され、寄宿料も格安だったのです。実は、これは日本も同じなのですが、当時の貧しい優秀な青年にとって、師範学校への進学は、ひとつの有力な立身の道であったのです。毛沢東青年はその道に進みました。毛沢東は、その師範学校でイギリス留学帰りの倫理学の教授・楊昌済（1871-1920）と出会って〈新文化運動〉を知り、後に彼の娘の楊開慧（1901-1930）と恋愛結婚したのでした。

毛沢東は、師範学校在学中の1917年に「体育の研究」という論文を新文化運動の雑誌であった『新青年』に発表しています。当時の中国では、肉体を鍛えることは軽視されていました。しかし毛沢東は、当時の外国に侵略された弱い中国を変えるには、まず国民の肉体の鍛錬からはじめなければならないと考えたのです。毛沢東自身も、徒歩で湖南省を横断したり、山に登ったりして、熱心に肉体を鍛えていたと回想しています。毛沢東は、仲間たちと新民学会というグループを作り、人間や人間社会、中国、世界、そして宇宙の本質について論じあっていたといいます。新民学会のメンバーからは、多くの革命家が生まれました。

1918年に毛沢東は第一師範学校を卒業しました。そのころ〈第一次世界大戦〉下のフランスが労働力の不足をおぎなうために中国の青年を募集した「勤工倹学」〔労働に励みつつ、節約して勉強する〕を知ります。[3] 毛

---

[3] 勤工倹学の回想には、何長工『フランス勤工倹学の回想──中国共産党の一源流』（河田悌一・森時彦訳、岩波新書、1976）があります。

沢東は、仲間をフランスに送るべく、〈北京〉に出て運動に加わることにしました。毛沢東自身は、フランスに行くことはありませんでしたが、多くの若者がフランスへと向かったのです。後の中国首相の周恩来(1898-1976)や〈改革開放〉を主導した鄧小平(1904-97)も、この運動によって渡仏し、マルクス主義に触れたといいます。[4]

　北京に出た毛沢東は、後に中国共産党の創始者のひとりとなる李大釗(1888-1927)が館長を務める北京大学図書館で司書の職につきました。図書館という施設は、古今東西の知を書籍の形で収集し、多くは無料で公開するものです。当時の北京にあっても、いくつかの公共図書館が設置され、学生や文学青年などがそこに集い、タダで古今東西の知を吸収していたのでした。このような近代の知の施設で、毛沢東は仕事をしたのです。しかし、彼の印象は少しちがっていたようでした。多くの文化人たちは「政治や文化の問題について彼らと話をしようとしましたが、彼らはひどく忙しい人たちでした。南方の方言でしゃべる副司書に耳をかす余裕を持たなかったのです。」[5] 当時の中国の知の最先端で毛沢東が経験したことは、新文化運動の指導者たちによる"田舎者"差別なのでした。毛沢東の言葉は、なるほど湖南のなまりがきつく、中国人でも聞き取りに苦労するものですが、このことも差別／被差別の意識を作りだしていったのかもしれません。

　〈五四運動〉の直前に、毛沢東は長沙へと帰ります。そして当時湖南省を支配していた〈軍閥〉に対して反対運動を行い、学生新聞の『湘江

4　周恩来の伝記には、ハン・スーイン『長兄——周恩来の生涯』(川口洋訳、新潮社、1996)、金冲及『周恩来伝』(上・下、劉俊南ほか訳、岩波書店、2000)、高文謙『周恩来秘録——党機密文書は語る』(上村幸治訳、文春文庫、2010) などがあります。青年時代の日記に周恩来『周恩来「19歳の東京日記」』(矢吹晋訳、小学館文庫、1999) があります。また鄧小平の伝記には、寒山碧『鄧小平伝』(伊藤潔訳、中公新書、1988) エズラ・F・ヴォーゲル・橋爪大三郎『鄧小平』(講談社現代新書、2015)、矢吹晋『鄧小平』(講談社学術文庫、2015)、伊藤正『鄧小平秘録』(文春文庫、2012)、ベンジャミン・ヤン『鄧小平　政治的伝記』(加藤千洋・加藤優子訳、岩波現代文庫、2009)、エズラ・F・ヴォーゲル『現代中国の父　鄧小平』(上・下、益尾知佐子他訳、日本経済新聞出版社、2013)、毛毛『わが父・鄧小平——文革歳月』(上・下、藤野彰訳、中央公論新社、2002) などがあります。

5　前掲『中国の赤い星』上、205頁。

第2章　農民、モボ、革命家、そして「神」と「悪魔」へ　毛沢東

評論(ひょうろん)』を創刊し、新文化を研究する文化書社を結成しました。毛沢東は、やがて1920年ごろから〈ロシア革命〉の影響をうけて〈**マルクス主義**〉に傾倒していったといいます。そして、1921年、湖南省の代表として、〈**中国共産党**〉の結成に加わったのでした。

　若き毛沢東が経験したこと——新聞というメディアとの出会い、師範学校での新文化運動との出会い、肉体観の変化、学生運動組織の結成、恋愛結婚、図書館という近代の装置との出会い、同人雑誌の編集、マルクス主義との出会い——毛沢東は、湖南の田舎の農民の息子でしたが、これだけ多くの近代の文化、装置と遭遇することができたのでした。新しもの好きの毛沢東少年は、おらが村のモダンボーイ＝モボであったのではないでしょうか。そんなモボがやがて広い世界を目指し、新しいものを求めて飛び立ってゆきました。これは、周恩来、鄧小平、楊開慧などの新文化にあこがれる青年たちに共通したものだったのでしょう。

共産党の異端児(いたんじ)、戦火の中の人生

　ところが毛沢東は初期の中国共産党の中で傍流(ぼうりゅう)でした。主流は、日本留学経験者で北京大学文科学長であった**陳独秀**(ちんどくしゅう)(1879-1942)であったり、ソ連留学経験者で〈コミンテルン〉〔共産主義インターナショナル、各国共産主義政党による国際組織〕から中国代表に指名された**王明**(おうめい)(1904-74)であったりしました。彼らは、〈**共産主義革命**〉の本家であるソ連とのつながりが深く、本来の共産主義革命のマニュアルどおりに、都市部での武装蜂(ぶそうほう)起(き)を重視しました。共産主義革命は、資本主義の社会において、〈**資本家**〉と〈**労働者**〉との格差が拡大して矛盾が起こり、その矛盾を解消して生産手段の共有化を進めようというものですから、当然、資本が蓄積(ちくせき)された都市部でしか起こらないとされていたのです。しかし都市部での武装

6　陳独秀については、陳独秀『陳独秀文集』（第1巻、長堀祐造ほか訳、平凡社東洋文庫、2016）、横山宏章『陳独秀の時代——「個性の解放」をめざして』（慶應義塾大学出版会、2009）、長堀祐造『陳独秀——反骨の志士、近代中国の先導者』（山川出版社世界史リブレット「人」、2015）などがあります。王明については、陳紹禹〔王明の本名〕『王明回想録——中国共産党と毛沢東』（高田爾郎・浅野雄三訳、経済往来社、1976）があります。

蜂起は、毛沢東の永遠のライバルというべき蔣介石（1887-1975）の指導する〈中国国民党〉の強大な軍事力の前に、ことごとく失敗してしまいます。[7]

しかし毛沢東は彼らとまったく違っていました。湖南省で農村の調査をしたこともあった毛沢東は、広大な農村を抱える中国の現状を目の前にして、「農村が都市を包囲する」ことによる革命を目指しました。少数の〈地主〉が土地を持ち、多数の〈小作人〉が貧しい中であくせく働くという農村社会を変えて、地主の土地を没収し、小作人に分配することで、農民の支持を得ようとしたのです。そして、農村に根拠地を作り、ゲリラ部隊を組織して、最終的に都市部の革命をなしとげようと考えたのでした。

1927年秋、毛沢東は湖南省で農民軍を組織して蜂起します。しかし軍閥の軍に敗れ、隣の江西省の〈井崗山〉と呼ばれる山岳地帯に逃げ込みました。そこで毛沢東は、山の〈匪賊〉と手を結び、革命の根拠地を築きました。毛沢東は、農村部の流民たちを組織して、軍隊を作っていったわけです。そして中国共産党のいまひとりの英雄である朱徳（1886-1976）の率いる軍と合流し、国民党軍の包囲攻撃をなんとかしのぎます。[8]

しかし1934年、国民党軍の包囲攻撃によって、とうとう根拠地も持ちこたえられなくなり、毛沢東と朱徳の軍隊は、井崗山の根拠地を捨てて、中国西南部の山岳地帯を通り抜け、1万2500キロも離れた陝西省の〈延安〉にまで落ちのびたのでした。〈長征〉と呼ばれる苦難の行軍です。[9]毛沢東は、この長征の途中で、中国共産党の主導権を握り、1976年に世を去るまで中国共産党のトップとして君臨したのでした。

7　蔣介石については、サンケイ新聞社『改訂特装版　蔣介石秘録——日中関係80年の証言』（上下、サンケイ新聞社、1985）、黄仁宇『蔣介石——マクロヒストリー史観から読む蔣介石日記』（北村稔他訳、東方書店、1997）、保阪正康『蔣介石』（文春新書、1999）、山田辰雄、松重充浩編著『蔣介石研究——政治・戦争・日本』（東方書店、2013）などがあります。また蔣介石と毛沢東を比較して論じたものには、野村浩一『蔣介石と毛沢東——世界戦争のなかの革命』（岩波書店、1997）があります。

8　朱徳については、アグネス・スメドレー『偉大なる道——朱徳の生涯とその時代』（上・下、岩波文庫、1977）があります。

第2章　農民、モボ、革命家、そして「神」と「悪魔」へ　毛沢東

1936年、東北地方の軍閥であった張学良(ちょうがくりょう)(1901-2001)らが〈西安(せいあん)〉で蒋介石を監禁し、国民党が共産党と団結して日本と戦うことを求めました。そして〈抗日戦争〉〔日中戦争の中国側の呼称〕を戦いぬきます。日本の敗戦後、農村部で力を蓄えた共産党軍は、日本軍との戦いに疲弊(ひへい)

図2-5　毛沢東による建国宣言

した国民党軍を破って〈台湾〉へと追いやり、1949年10月1日、共産党を中心とする中華人民共和国を建国したのです。そのとき、北京の〈天安門〉で建国の宣言をしたのは、もちろん毛沢東でした。[10] その宣言は、「中華人民共和国……」(ゼンフアインミンゲンホーグイ)という湖南の方言によるものでした。

永久革命の思想

毛沢東の時代に中国は経済が発展せず、後の〈改革開放〉の時代になってようやく経済が発展しはじめたという説があります。しかし、毛沢東の時代であっても、中国経済は平均年6.1%（1952-1978）の割合で成長し

9　長征については、岡本隆三『中国革命長征史 ── 中国革命の源流・長征の全貌を描く人間記録』（サイマル出版会、1969）、竹内実『長征の道 ── 中国瑞金(ずいきん)～延安12,000キロ』（日本放送協会、1986）、ハリソン・E・ソールズベリー『長征 ── 語られざる真実』（岡本隆三訳、時事通信社、1988）、野町和嘉『長征 ── 毛沢東の歩いた道』（講談社文庫、1995）などがあります。また漫画には、藤子不二雄Ⓐ『毛沢東の長征 ── 中華人民共和国の青春』（徳間書店、1990）、横山光輝『長征』（講談社漫画文庫、2004）などの作品があります。

10　中国の政治空間としての天安門、天安門広場については、ウー・ホン『北京をつくりなおす ── 政治空間としての天安門広場』（大谷通順訳、中野美代子監訳・解説、国書刊行会、2015）があります。また1949年の天安門における建国宣言と1989年の第2次天安門事件までの現代中国の歴史を論じたものにハリソン・E・ソールズベリー『天安門に立つ ── 新中国40年の軌跡』（三宅真理・NHK取材班訳、日本放送協会、1989）があります。天安門での建国宣言を描いた絵画をめぐる謎については、武田雅哉『新千年図像晩会』（作品社、2001）をぜひひもといてみてください。

ていったとされています[11]。ただ、その時代に失われた人命の多さをみますと、やはり素直に「発展」とは呼べないのではないかと思います。

中華人民共和国は、〈抗日戦争〉、〈国共内戦〉に勝って、成立したものです。建国はしたものの、建設はボロボロの状態からのスタートになりました。毛沢東は、ソ連や国内の共産党以外の勢力の協力も得ながら、国家の建設をはじめます。初めての国家建設の計画である〈第1次五カ年計画〉は、1953年にスタートしました。

しかし、その4年後の1956年、中国共産党は、早くも基本的な社会主義的な改造はなしとげられたという宣言を出します。それとともに共産党政権に対して自由に意見を述べよと呼びかけた〈百花斉放・百家争鳴〉が提唱されたのでした。しかし、その結果は衝撃的なものでした。共産党に対する厳しい批判が相次いだのです。そこで毛沢東は、翌57年、〈反右派闘争〉を呼びかけ、前年に自由な意見をいった人びとを、共産党に反対する「右派」として市民権を奪っていったのです[12]。

この1957年は、第1次五カ年計画の終了の年でもあり、中国にとって大きな意味をもつ年となりました。たとえば、都市部においては、〈単位制度〉と呼ばれるシステムが確立します。単位とは職住一体型の職場組織です。そして、〈檔案〉と呼ばれる個人ファイル〔家族状況、思想などを記録したもの〕を単位が管理するようになりました。単位が檔案を握るかぎり、個人は自由な職場異動もできません。単位のトップは共産党の〈書記〉ということになります。共産党が個人を徹底的に管理する制度が確立したといってもいいでしょう。

あわせて戸籍を〈都市戸籍〉と〈農村戸籍〉にわける制度もこのころに確立しました。これは、出生地によって戸籍を二分類し、特に農村戸籍の人が都市戸籍に移るのを厳重に制限するものでした。これによって、

---

11 前掲銭理群『毛沢東と中国』上、361頁。

12 右派とされた人物の自伝には、蕭乾『地図をもたない旅人――ある中国知識人の選択』(上・下、丸山昇他訳、花伝社、1993)、ユエ・ダイユン/C. ウェイクマン『チャイナ・オデッセイ――激動と迫害の嵐を生き抜いて』(上・下、丸山昇監訳、岩波書店、1995)などがあります。

第2章 農民、モボ、革命家、そして「神」と「悪魔」へ　毛沢東

毛沢東自身がかつて手を結んだ農村部の流民が生まれる余地も、なくなったのでした。農村に生まれた人は、大学進学などの特別な場合をのぞいて、死ぬまで農村で生きねばならなくなったのです。

　時を同じくしてソ連の**フルシチョフ**首相（1894-1971）による**スターリン**前首相（1879-1953）への批判を受けて、ソ連との関係も極度に悪化してゆきました。[13]

　1958年、毛沢東は〈大躍進運動〉を起こします。[14] この背景には、ソ連よりも順調に社会主義化を進めていることを宣伝する狙いもありました。大躍進運動とは、短期間に鉄鋼などを飛躍的に増産することを目標に掲げた運動です。毛沢東がとったのは、〈大衆動員〉という方法でした。全国民に呼びかけて、あちこちに手製の溶鉱炉を作らせ、鉄鋼を生産させたのです。その鉄鋼の原料は、家庭にある鍋などの鉄製品でした。**張芸謀**監督（1951-）『**活きる**』（1994）では、学校での鉄鋼生産に疲れ果てた少年が仮眠の間に交通事故に巻き込まれて死ぬ場面があります。

　また、スズメが稲を食い荒らすというので、駆除運動も展開されまし

図2-6　葛文山「毛主席さんに贈る」に描かれた巨大モモ
（出典）陳履生『新中国美術図史』中国青年出版社、2000

13　中ソ対立に関しては、毛里和子『中国とソ連』（岩波新書、1989）がハンディであり、入門にふさわしいでしょう。

14　大躍進運動と大飢饉については、丁抒『人禍 1958〜1962——餓死者2000万人の狂気』（森幹夫訳、学陽書房、1991）、ジャスパー・ベッカー『餓鬼（ハングリー・ゴースト）——秘密にされた毛沢東中国の飢饉』（川勝貴美訳、中央公論新社、1999）、フランク・ディケーター『毛沢東の大飢饉——史上最も悲惨で破壊的な人災 1958〜1962』（中川治子訳、草思社、2011）、楊継縄『毛沢東大躍進秘録』（伊藤正他訳、文藝春秋、2012）などがあります。

た。その方法は、大勢の人が音の出るものを持って屋外に繰り出し、スズメを脅して飛びつづけさせ、やがて疲れ果てて落ちてきたスズメを捕らえるといったものでした。その結果、スズメが食べていてくれた害虫の大量発生という事態がおこったのです。田壮壮監督（1952-）『青い凧』（でんそうそう）(1993) では、北京でスズメ駆除に参加する少年の姿が描かれています。

　農村では、集団化を急速に推し進め、農業、工業、商業、教育文化、軍事の組織を一体化させた〈**人民公社**〉を組織します。その過程で食糧の増産が図られましたが、急に農作物の収穫が増えるはずもありません。そこで末端では、帳簿上だけで増産したと報告することが横行しました。しかし政府は、帳簿の生産高通りに食糧の供出を求めましたので、農民は自分たちの食料まで供出せざるをえなくなりました。

　この結果、1959 年から 61 年にかけて中国全土を大飢饉が襲い、一説には、3600 万人もの人びとが餓死し、栄養失調で女性たちが生めなかった子どもも 4000 万人に達し、中国は、この 3 年間で 7600 万人もの人間を失ったとされています。[15] 実際に多くの農村で、餓えた人びとが人を食う食人事件も発生したと伝えられています。

　毛沢東は、この責任を取り、60 年代前半に政治の第一線から退きます。かわって**劉少奇**（りゅうしょうき）(1898-1969)、鄧小平が、穏健な路線を取り、経済の回復に努めました。しかし 1966 年、毛沢東は、〈**文化大革命**〉という、おそらく世界史上最大の大衆運動を引き起こしたのです。[16] その中心となったのは、〈**紅衛兵**〉（こうえいへい）と呼ばれる高校生、大学生の若者たちでした。[17]

　文化大革命とはなにか――この答えを出すことは容易ではありません。毛沢東と劉少奇や鄧小平との権力闘争という一面もあったかと思い

　15　前掲銭理群『毛沢東と中国』上、353 頁。
　16　文化大革命については、多くの研究書があります。新書・文庫には、安藤正士・太田勝洪『文化大革命と現代中国』（岩波新書、1986）、矢吹晋『文化大革命』（講談社現代新書、1989）、厳家其・高皋『文化大革命十年史』（上・中・下、辻康吾監訳、岩波現代文庫、2002）があります。
　文化大革命を紹介・解説した写真集や事典には、楊克林編著『中国文化大革命博物館』（上下、樋口裕子・望月暢子訳、柏書房、1996）、陳東林主編『中国文化大革命事典』（西紀昭他訳、中国書店、1997）がありますので、参考にしてみて下さい。

第2章　農民、モボ、革命家、そして「神」と「悪魔」へ　毛沢東

ます。しかし、より本質的には、劉・鄧に代表される共産党内の特権階級や官僚組織を革命の敵と見なした〈永久革命〉であったといえるでしょう。そしてまた、若き日の毛沢東に屈辱をあたえた知識人たちも、革命の敵とされ、多くの血が流されたのでした。文化大革命とは、毛沢東にとって、若き日からの怨念を洗い流すものであり、みずからの理想の実現であったのかもしれません。しかし、より多くの人びとにとっては、いつ果てるとも知らぬ永久革命という「悪魔」の運動にほかならなかったのです。

　文化大革命は、その前半は**林彪**(りんぴょう)(1907-71)によって、後半は毛沢東の三番目の妻である**江青**(こうせい)(1914-91)、**張春橋**(ちょうしゅんきょう)(1917-2005)、**姚文元**(ようぶんげん)(1931-2005)、**王洪文**(おうこうぶん)(1935-92)の〈四人組〉によって、毛沢東への〈個人崇拝〉が極端に進められたのでした。[18] そして毛沢東が1976年に82歳の天寿を全う(まっと)するまで、つづいたのです。

　文化大革命で消えた命の数は、途方がなくて、正確にはわかりません。

エピローグ——「神」になった毛沢東

　現在、毛沢東は、北京の天安門広場にある**毛主席記念堂**に安置された

---

[17]　紅衛兵経験者の自伝には、陳凱歌『私の紅衛兵時代』(刈間文俊訳、講談社現代新書、1990)、梁暁声『ある紅衛兵の告白』(上・下、朱建栄・山崎一子訳、情報センター出版局、1991)、張承志『紅衛兵の時代』(小島晋司・田所竹彦訳、岩波新書、1992)があります。
　文化大革命を当時の少年少女の目線から描いたものに武田雅哉『よいこの文化大革命——紅小兵の世界』(廣済堂出版、2003)があります。

[18]　林彪については、張雲生『林彪秘書回想録』(徳岡仁訳、蒼蒼社、1989)などがあります。また林彪一家がモンゴルで墜落死した事件については、笠井孝之『毛沢東と林彪——文革の謎　林彪事件に迫る』(日中出版、2002)、朝日新聞『中国「林彪事件」の真相——冷戦時代のモンゴル、ソ連を巻き込んだナゾの事件』(朝日新聞社、2014)があります。
　文革終了後逮捕された四人組の裁判については、朝日新聞社外報部編『中国の四人組裁判——全資料・全分析』(朝日新聞社、1981)があります。また江青については、ロクサーヌ・ウィトケ『江青』(上・下、中嶋嶺雄・宇佐美滋訳、パシフィカ、1977)、王素萍『上海の赤いバラ——毛沢東夫人・江青の秘められた過去』(秋村藍子訳、学習研究社、1995)、楊銀禄『毛沢東夫人　江青の真実』(莫邦富他訳、海竜社、2001)、アンチーミン『マダム毛沢東——江青という生き方』(矢倉尚子訳、集英社、2005)などがあります。

水晶のケースの中で安らかに眠っています。手荷物検査など厳重な警備をパスすれば、外国人であっても、生けるがごとき毛沢東の姿を拝むことができます。しかし1980年代には、身に爆薬を巻き付けて毛主席記念堂の爆破を図った中国人もいたほどでした。中華人民共和国の歴史を生きてきた人びとの中には、生ける毛沢東はおろか、死せる毛沢東の亡骸(なきがら)さえも許せないという人もいたわけです。

図2-7　眠るがごとき毛沢東の遺体
(出典) 中国国家博物館・中国現代史学会編『図説新中国60年艱難探索1949-1956』四川出版集団・四川人民出版社、2009

　そのいっぽうで、1990年代になり、毛沢東の生誕百周年を迎えるころになると、新たなる「毛沢東神話」が生まれたのでした。いや、むしろ伏流していた「毛沢東神話」が地表に現れただけなのかもしれません。その神話とは、まさに民間信仰とでもいうべきものです。不治の病にかかった農民が、ある晩、毛主席を夢に見て、主席に患部をさすってもらったところ、コロリと病が治った。洪水のたびに流される橋に毛主席の像をはっておいたら、橋が流されなくなった……このような物語です。また一時期、タクシーに乗ると、バックミラーに赤いひも飾りのついた毛沢東のブロマイドがかけてあることも、よく見られました。運転手にその理由をたずねると、決まって「毛主席をかけておくと、事故にならない」と言われたものです。たしかに毛沢東のせいで命を落とした人は数限りなくても、彼自身は、国共内戦、長征、抗日戦争などの戦火をくぐり抜け、建国後も

図2-8　90年代の交通安全のお守り
(撮影：齊藤大紀)

第2章　農民、モボ、革命家、そして「神」と「悪魔」へ　毛沢東

暗殺の危機を動物的ともいえる勘でくぐり抜けて、天寿を全うしたのでした。なるほど、ご利益もありそうです。

そしてまた近年は、毛沢東のそっくりさんのおばさんまで現れて、ニュースになりました。おばさんの夫は「とても恐ろしくて主席を抱けない」とのことで夫婦生活がなくなったということです。

この20世紀最大のヒーロー兼最悪の独裁者は、時空を異にする外国人には想像のつかない次元で、中国人の胸中に生きているといっていいでしょう。

図2-9　毛沢東のそっくりさんおばさん
(出典)「china.com」http://news.china.com/zh_cn/social/pic/11142797/20131121/18164890_3.html

読んでみよう・調べてみよう！

1 本文中で紹介した毛沢東の伝記を複数冊読み、毛沢東評価の違いに注意して、内容を報告しよう

2 本文中で紹介した紅衛兵経験者の自伝を読み、彼らの毛沢東イメージについて報告しよう

3 本文中で紹介した中華人民共和国の歴史に関する文献を参考にしながら、映画『青い凧』、『活きる』に描かれた「大躍進」、「文化大革命」について報告しよう

第3章
共和国のヒーロー像

白毛女から雷鋒まで

中国古典のキャラクターと共和国の英雄物語

孔子や三蔵法師、諸葛孔明に関羽……こうした中国のヒーローは日本でも有名で、みなさんも聞いたことがあるかと思います。これらはもともと歴史上に実在した人物ですが、小説や芝居、映画や〈連環画〉など文芸作品になってゆく過程でアレンジがくわえられ、史実からはなれた姿に変わってゆきました。たとえば『西遊記』（中野美代子訳、岩波書店、2005）の三蔵法師。彼が天竺におもむくのに孫悟空らをお供にしたのはもちろんフィクションですし、この作品が日本でリメイクされるとき、男性である三蔵法師が女性にかえられてしまうことは、もはや常套手段になっています。

図3-1 日本でリメイクされる『西遊記』
(出典)『西遊記 劇場版』DVD、フジテレビジョン／東宝／ジェイドリーム、2008。

また、中国ではこうした古典的なキャラクターは、時々の政府によってしばしば政治的に利用されてきました。たとえば現在の中国政府が世界各国においている文化センターの名前は孔子学院といい、孔子が広告塔、いわばマスコットキャラになっています。これなどは、孔子のもつ国際的な知名度をうまく活用しようというねらいがあるのでしょう。[1]

---

1 古典にみられる中国のキャラクターについては、加藤徹『中国古典のスターたち』（NHK出版、2011）が日本の物語と比較しながら紹介しており、わかりやすくおすすめです。

さて、この章では、〈中華人民共和国〉建国後の文芸作品にみられるさまざまな〈英雄物語〉に注目してみたいと思います。こう聞くと、「そんなの共産圏お得意のプロパガンダだ」、「捏造じゃないの」という人もいるかもしれません。確かに、共和国の英雄たちは政治の影響を強く受けてあらわれました。〈プロパガンダ〉といえば、そうかもしれません。

しかしそれなら、たとえば横山光輝の漫画や『真・三國無双』シリーズ（コーエーテクモゲームス）などゲームでもおなじみの〈三国志〉はどうでしょうか。『三国志』はもともと3世紀の歴史書に記されていた史

図3-2　横山光輝『三国志』の諸葛孔明
（出典）横山光輝『三国志』53巻、潮出版社、1987

実で、それがさまざまな『三国志』物語をうみだし、14世紀に長編小説『三国志演義』（井波律子訳、筑摩書房、2002）になりました。そもそも歴史書の主役は曹操の魏でしたが、『三国志演義』では劉備らの蜀が主役になっています。まさに歴史の「捏造」といったところですが、なぜこうなったのでしょうか。それは、『三国志』物語が、創られた時代情況や政治情況に強く影響をうけて成立したからです。このあたり、詳しくは**鈴木陽一編『中国の英雄豪傑を読む――「三国志演義」から「武侠小説」まで』**（大修館書店、2002）や**金文京『三国志演義の世界〔増補版〕』**（東方書店、2010）などを読んでみてください。

中国で生まれた英雄物語はどうしても時代や政治の情況に大きく左右されてしまいます。しかし、それが説教くさく味気ない作品ばかりでないことは、『三国志演義』を知っている人なら誰でもすぐにわかるはずです。小説中にはフィクションも多いのですが、だからこそ諸葛孔明や関羽の「ありえない」天才っぷり、超人っぷりが際立つわけで、そうしたキャラが読者を夢中にさせてきたのです。つまり、英雄物語をつくり

第3章　共和国のヒーロー像　白毛女から雷鋒まで

だした人々は時代の政治情況を作品に反映させもしましたが、同時に、これを受けとる庶民が楽しめるような魅力的な要素をいっぱいに盛りこんで作品をつくるようつとめました。それは中華人民共和国の英雄物語でも、なんら変わることはありません。それでは建国後の英雄物語をいくつかとりあげ、そこにみられる作り手の工夫と作品の魅力とを探ってゆきたいとおもいます。

白毛女──化け物から人間へ

まず中華人民共和国成立のシンボルともなった英雄の物語を紹介しましょう。〈抗日〉戦争中、中国共産党は陝西省の〈延安〉をその根拠地にしていましたが、そこでは目前の農村の人々に受け入れられる文芸作品をいかにつくるのかが問題となって

図3-3　映画『白毛女』のヒロイン
（出典）『白毛女』5頁、未来社、1952

いました。そうした中、地方の民間説話や民謡をとりいれ、1945年に発表されたのが新歌劇『白毛女』です。地主に迫害された農村の娘が山に逃げこみ、過酷な生活のせいで体毛が白く変わってしまい、後に共産党の指導する〈八路軍〉の兵士によって救い出されるというのが、『白毛女』物語の骨子になっています。実は『白毛女』のオリジナルとなった物語のひとつに唐代伝奇『補江総白猿伝』（今村与志雄訳『唐宋伝奇集』、岩波文庫、1988）があります。ここに登場するキャラは白毛女と共通する部分もおおいのですが、人々によく知られた物語の要素をうまく取りこんだことも、新歌劇『白毛女』が大ヒットした原因のひとつといえるでしょう。

新歌劇『白毛女』はその後なんどか改編されており、そのたびに地主に抵抗するヒロインの性格が強められてゆきました。建国後の1950年には映画にもなっており、ここではヒロインと八路軍兵士との恋愛場

面が強調されています。さらに〈文化大革命〉（文革）中には〈革命模範劇〉のひとつとして現代バレエ劇にもなりました。新歌劇版にみられた娘が地主にレイプされるシーンは全面的にカットされ、地主に徹底的に立ちむかうヒロインの姿が前面にだされています。[2] つまり、建国前→建国後→文化大革命という時代の変化にあわせて

図3-4　文革時期の『白毛女』のヒロイン
(出典) 田畑書店編集部『中国の劇画（連環画）』171頁、田畑書店、1974

白毛女の姿も変わっていったのです。ヒロインが「いじめられキャラ」からいかに抜けだすか——これが『白毛女』の改編がめざした一番大切な目標でした。新歌劇版の翻訳には『**白毛女**』（未来社、1952）があります。またバレエ劇版の内容については『**中国の劇画（連環画）**』（田畑書店、1974）があり絵つきで内容がわかるので、あわせてみてみるとよいでしょう。

　ところで、映画『白毛女』は1950年代に日本にも輸入されてヒット作となり、後に日本の松山バレエ団に影響をあたえ、バレエ作品にもなりました。このあたりの経緯は**四方田犬彦他編『ポスト満州 映画論——日中映画往還』**（人文書院、2010）や**清水正夫『バレエ白毛女はるかな旅をゆく』**（講談社、1983）を読んでみるとよくわかります。このように『白毛女』は、日本ともとてもなじみ深い作品なのです。[3] ではなぜ、

　2　革命模範バレエとなった『白毛女』については、応雄『中国映画のみかた』（大修館書店、2010）を見てみてください。バレエという形式と政治的内容を整合させることのむずかしさがよくわかります。

　3　新歌劇や映画『白毛女』の制作には実は日本人が関わっています。『はばたく映画人生——満映・東影・日本映画〈岸富美子インタビュー〉』（せらび書房、2010）、田中益三『絵筆とペンの明日——小野沢亘と仲間達の日本/中国』（せらび書房、2011）など読むと、作品に携わった人々の熱意が伝わってきます。

第3章　共和国のヒーロー像　白毛女から雷鋒まで

国境をこえて人々の心に『白毛女』が届いたのでしょうか。それは『白毛女』が何度もかたちをかえながら、結局は物語の骨子「化け物から人間へ」の生まれかわり、つまり「死と再生」という神話的な物語の型をすてなかったからです。ハリウッド映画やスタジオジブリの作品にもよくみられるこうした物語の黄金パターンが残されたからこそ、『白毛女』は現在でも多くの人々に受けいれられる作品になっているのでしょう。『白毛女』の神話的構造については、**牧陽一、川田進、松浦恆雄著『中国のプロパガンダ芸術——毛沢東様式に見る革命の記録』**（岩波書店、2000）に詳しいです。

武訓——英雄になり損ねた男

建国のシンボルとなった白毛女がいる一方で、建国初期には英雄になり損ねた人物もいます。次は映画『**武訓伝**』の主役、清代の貧しい農家に生まれ、乞食をしてお金を集め学校を建てた**武訓**（1838-96）の物語についてみてみましょう。映画『武訓伝』は建国以前の1948年より撮影がはじめられながら、いろいろな事情により中断をはさみ、建国後の1950年にようやく完成された作品です。やがて『武訓伝』は50年12月に公開され大ヒットします。しかし、

図3-5　映画『武訓伝』DVD、深圳音像公司、2012

その後51年には**毛沢東**（1893-1976）［第2章参照］による批判文が中国共産党の機関紙『**人民日報**』の社説に掲載され、一転して大々的な批判キャンペーンがおこなわれました。このいわゆる「**武訓伝批判**」によって監督の**孫瑜**（1900-90）は自己批判し、文芸作品への検閲もこれ以後は全体的に強められてゆきます。「武訓伝批判」については、**吉田富夫他編『原典中国現代史』第5巻〔思想・文学〕**（岩波書店、1994）や、**小山三郎『文学現象からみた現代中国』**（晃洋書房、2000）に詳しい分析があり、読ん

でみると当時の様子がよくわかります。[4]

さて映画『武訓伝』が批判されたのは、やはり主人公武訓のキャラが問題だったようです。武訓は実在した人物で、孫瑜は武訓の英雄的な行動を映画化したわけですが、その姿が「中国民族を侮辱する」ものだと批判されたのです。この映画『武訓伝』はながらく当局によってお蔵いりされていたのですが、2012年にDVDが発売されました。[5] これをみると武訓がなぜ批判されたのかがわかってきます。武訓は学校を建てるため様々な苦労をしますが、そのためにわざと自分をなぐらせたり、時にはひざまずいてお金を集めます。「汚れキャラ」ともいえるこうした姿が、労働人民を至上とする建国後中国のイデオロギーに抵触したのでしょう。

図3-6 『史記列伝』

ではなぜ映画公開当初、『武訓伝』は人々の人気をえたのでしょうか。役者の演技がすばらしく建国当時の人々の同情を買ったことも、もちろんあるでしょう。しかし、一方で『武訓伝』には「乞食にまで身を落とした人物が苦難の末ついに目的を達成する」という伝統的な物語の型が生きていました。中国では芝居の人気演目になっていますが、**『史記列伝』**（小川環樹等訳、岩波書店、1975）にみられる**伍子胥**や**重耳**の物語をみてみるとよいでしょう。[6] こうしたドラマチックな英雄物語をうまく映画作品

---

4 吉川龍生「「『武訓伝』批判」とは何だったのか ―― 王蓓氏・白樺氏・黄宗英氏・孫陳光氏インタビュー」(『中国研究』7、慶応義塾大学日吉紀要、2014) は映画『武訓伝』創作に携わった当事者たちのインタビューが興味深いです。また武訓伝批判前後の連環画〔中国の絵物語〕の変遷を調査した中野徹「大ゴロツキと呼ばれて ―― 『武訓画伝』と『封建奴才 ―― 武訓』」(『連環画研究』第1号、連環画研究会、2012) は、貴重な『武訓伝』関連の連環画の図像も多いので、読んでみてほしいです。

5 吉川龍生「映画『武訓伝』、待望のDVD化」(『東方』377号、2012)。阿部範之「映画『武訓伝』―― フィルムの特徴、独自性を中心に」(『野草』第89号、中国文芸研究会、2012)。ここでは作品を実際にみた筆者の細かな分析がなされています。

第 3 章　共和国のヒーロー像　白毛女から雷鋒まで

に反映させたことで、現在みても十分に面白い作品になったのです。ただ『白毛女』と異なり、映画『武訓伝』は建国前後の時代の変化に、みずからをうまく合わせることができなかったのです。その不器用な姿は、武訓のキャラそのもののようにも思われます。

楊子栄（ようしえい）――虎殺しの英雄

中華人民共和国建国から文革が始まるまでの 17 年間は、恋愛もの、〈武俠（ぶきょう）〉もの、探偵もの、滑稽ものなどいわゆる通俗小説にとっては、基本的に生きづらい時代だったといえます。通俗小説の作家が政治的に批判される中、〈革命英雄伝奇（かくめいえいゆうでんき）〉とよばれる新たな通俗小説がでてきました。革命英雄伝奇については**洪子誠（こうしせい）著・岩佐昌暲（いわさまさあき）他訳『中国当代文学史』**（東方書店、2013）をみると、様々な作家や作品の紹介とともに解説がかいてあります。ここでは、その代表作品の一つとされる 1957 年発表の小説、**曲波（きょくは）『林海雪原（りんかいせつげん）』**（飯塚朗訳、平凡社、1962）とその登場人物、**楊子栄**についてみてゆきます。

『林海雪原』は、1940 年代の内戦期、東北地方の山岳地帯にたてこもる国民党軍の残党をやっつける中国共産党指導下の〈解放軍（かいほうぐん）〉部隊の活躍を描いた物語です。作者の曲波には従軍の経験があり、それをいかして創作を行いました。部隊長・**少剣（しょうけん）**

図 3-7　革命模範劇『智取威虎山』の楊子栄
（出典）徐城北『京劇の世界――見て読む中国』110 頁、東方書店、2006

6　『史記』を扱った日本人の歴史小説にも面白いものがあります。宮城谷昌光『重耳』（講談社、1996）はおすすめの一冊。

波は曲波自身がモデルで、その部下で偵察員の楊子栄も実在した人物がモデルになっているようです。しかし、これは単なるプロパガンダ小説ではありません。曲波は史実に手をくわえ、作品をよりおもしろくする工夫をしています。知俠『鉄道遊撃隊』(井上隆一訳、龍渓書舎、1980) などほかの革命英雄伝奇にも共通することなのですが、政治的な史実をベースにしつつ、章立てから人物の性格・行動まで、中国古典小説のさまざまな特徴をうまくとりこんでいるのです。[7]

図3-8 虎をたおす武松
(出典) 吉川幸次郎他訳『水滸伝』3巻10頁、岩波書店、1998

たとえば、楊子栄は作品中最も人気がある登場人物なのですが、彼が山中で虎にでくわし一対一でこれを退治する超人的な場面などは『水滸伝』(吉川幸次郎他訳、岩波書店、1998) の英雄、**武松**の「虎殺し」をイメージさせます。また、『水滸伝』のみならず『三国志演義』、『西遊記』、『三俠五義』(鳥居久靖訳、平凡社、1970) などの中国古典小説には、人徳を備えた人物のもとに民間から異能の者達があつまりこれに力を貸す、というおきまりのパターンがあります。『林海雪原』でも、少剣波のもとに楊子栄ら隊員達があつまってそれぞれの能力を発揮するというように、同じパターンが使われています。まるで日本の特撮戦隊シリーズのようですが、このように『林海雪原』では、民間によく知られた古典小

---

7 1954年に発表されたこの知俠『鉄道遊撃隊』も50年代のヒット作品です。この作品を扱った論文には、中野徹「知俠『鉄道遊撃隊』論——ルポルタージュから小説へ」(『饕餮』第12号、中国人文学会、2004)、「集体創作される"革命歴史故事"——知俠『鉄道遊撃隊』をめぐって」(『季刊中国』第108号、日中友好協会、2012) などがあります。

第3章　共和国のヒーロー像　白毛女から雷鋒まで

説の特徴をうまく利用して、それぞれの人物をキャラ立ちさせているのです。楊子栄にみられるような中国の超人的な英雄像については、**岡崎由美『漂泊のヒーロー───中国武俠小説への道』**（大修館書店、2002）をぜひ読んでみてください。

『林海雪原』は文革中、〈革命模範劇〉のひとつに指定され革命京劇『**智取威虎山**』になりますが、ここでは完全に楊子栄が主役になっています。[8] 中国の伝統演劇である〈京劇〉は、もともと先ほどあげたような古典小説を多く演劇化してきており、超人的な楊子栄の姿を表現するのに違和感がなかったのです。『智取威虎山』は革命模範劇の中でも屈指の名作とされ、現在でもよく上演されています。2000年代にはテレビドラマ化され、2014年には香港の映画監督**ツイ・ハーク**（1950-）により、痛快なアクション映画にリメイクされました。この監督は『**セブンソード**』（2005）など武俠小説の映画化を手がけていることで知られていますが、楊子栄の「ありえない」超人的な英雄像を最新のCGをつかってみごとに表現しています。

呉瓊花（ごけいか）───戦闘美少女

白毛女は中華人民共和国成立のシンボルとなりましたが、建国後は彼女のほかにも多くの女性英雄が登場しました。たとえば戦争中に日本軍や国民党と勇敢に戦った実在した女性達、**趙一曼**（1905-36）や**劉胡蘭**（1932-47）[9]の物語は、さまざまな文芸作品にとりいれられ人々にうけいれられてゆきます。こうしたヒロイン達については、**李子雲他編著『チャイナ・ガールの1世紀───女性たちの写真が語るもうひとつの中国史』**（友常勉等訳、三元社、2009）に、豊富な図像とともに解説がされています。**謝晋**（しゃしん）（1923-2008）の映画『**紅色娘子軍**（こうしょくじょうしぐん）』（1960）に登場する**呉瓊花**も、

8　翻訳には『智取威虎山』（『テアトロ』348号、カモミール社、1972）などがあります。

9　劉胡蘭については梁星『偉大なる生　栄光ある死───中国人民劉胡蘭の生涯』（堀菊子訳、鳩の森書房、1964）など日本語の関連図書も出ています。彼女は革命闘争の末に若くして腰斬刑に処されるというドラマチックな最期を遂げた結果、キャラが立ってしまい、そのため今日でも新たに舞台化されるなどしています。

こうした女性英雄の流れをくむキャラといえます。

『紅色娘子軍』は1930年代、中国南部の海南島（かいなんとう）が舞台です。悪徳地主に虐げられた貧農の娘呉瓊花が中国共産党の男性兵士に救出され、やがて彼がひきいる女子遊撃隊に入り、一人前の兵士に成長してゆくという物語です。史実にみられる女子遊撃隊は後方勤務や要人警護の任務が主だったようですが、映画では派手な銃撃戦をくりひろげています。また遊撃隊の責任者はそもそも女性でしたが、映画化される際には、男性兵士に変更されました。では、この変化は何をあらわしているのでしょうか。

図3-9　映画『紅色娘子軍』の呉瓊花
(出典)『紅色娘子軍』DVD、広州俏佳人文化伝播有限公司、2007

この作品には、6世紀ごろつくられたとされる中国の民間歌謡「木蘭詩（もくらんし）」（松枝茂夫編『中国名詩選』中、岩波文庫、1984）の物語が反映されているようです[10]。父親にかわり男装して従軍した花木蘭（かもくらん）の物語は、建国以前より演劇や映画などさまざまなかたちで作品化されてきました。最近では**ヴィッキー・チャオ**（趙薇、1976-）主演の映画『**花木蘭**』（2009）も公開され、中国人にはおなじみの物語です[11]。史実を映画化する際、男性のために戦うという木蘭詩の骨子が誇張

図3-10　映画『花木蘭』
(出典)『ムーラン』DVD、パラマウントホームエンタティメントジャパン、2012

10　田村容子「革命叙事と女性兵士——中国のプロパガンダ芸術における戦闘する女性像」（『地域研究』Vol.14, No.2、京都大学地域研究統合情報センター、2014.9）参照。

11　ちなみにディズニー映画『ムーラン』（1998）は、アニメのアカデミー賞ともいえるアニー賞をとるほどの高い評価を受けました。

第3章　共和国のヒーロー像　白毛女から雷鋒まで

され、より娯楽的で面白い作品にされたのです。また、呉瓊花が死亡した男性兵士に変わって兵をひきいてゆくというラストの筋も、古典小説『楊家将演義』(ようかしょうえんぎ)(岡崎由美他訳、勉誠出版、2015)に登場する〈楊門女将〉(ようもんじょしょう)達、つまり死亡した一家の男性に代わって戦う女性将軍の物語とかさなります。いわゆる〈巾幗英雄〉(きんかくえいゆう)ともよばれる女性英雄の代表格とされ、男性顔負けの強さをほこる穆桂英(ぼくけいえい)は、芝居などを通じて中国では広く知られています。[12] ジャッキー・チェン(成龍、1954-)製作の『楊家女将伝——女ドラゴンと怒りの未亡人軍団』(2011)など映画にもなっているので、あわせてみてみるといいでしょう。

図 3-11　京劇の名優、梅蘭芳が演じる穆桂英
(出典)稲畑耕一郎監修『京劇の花　梅蘭芳——美しき伝説のスター華やかな軌跡』39頁、日中友好会館、2009

　つまり、『紅色娘子軍』は中国にもともとあった有名な女性英雄のイメージを用いて、史実に味つけをしたのです。建国後、男にできることは女にもできるとされ、女性は男性と同じ労働をになわされることになりました。男性と同等以上に戦う「戦闘美少女」の物語は、当時の時代の雰囲気にぴったりあっていたのでしょう。こうして、映画『紅色娘子軍』は人気を博し、文革中には革命模範劇のひとつとされ、『白毛女』と同様に現代バレエになりました。バレエ版の内容については『絵ものがたり紅色娘子軍——注釈・日語訳』(香坂順一他編、光生館、1972)を読んでみてください。
　ただし、こうした呉瓊花の姿も結局のところ、中国共産党を代表する

12　穆桂英については、前掲岡崎由美『漂泊のヒーロー——中国武侠小説への道』に詳しい記述があります。

男性のために身をささげ、自分を殺して戦うかたちになっています。女性英雄をあつかった作品から、『白毛女』以来みられてきた男性との不平等な関係をよみとることも、また大切なことでしょう。**戴錦華『中国映画のジェンダー・ポリティクス——ポスト冷戦時代の文化政治』**（宮尾正樹監訳、御茶ノ水書房、2006）や**関西中国女性史研究会編『中国女性史入門〔増補改訂版〕』**（人文書院、2014）などもあわせて読んでみるのがいいと思います。

図3-12 雷鋒の肖像
（出典）武田雅哉、加部勇一郎、田村容子編『中国文化55のキーワード』129頁、ミネルヴァ書房、2016

雷鋒――永遠のヒーロー

最後に、今日でも中国共産党のオフィシャルな英雄キャラとして知られている**雷鋒**（1940-1962）についてみてみましょう。雷鋒は解放軍の兵士で、世のため人のため、いろいろな「よいこと」をした人物です。戦友の洗濯を手伝ったり、駅の荷物運びを手伝ったり、はては倹約を心がけ貯めたお金を他人に寄付するなどもしました。結果、雷鋒はみんなの手本として表彰されます。しかし、1962年、彼は不慮の事故により亡くなってしまいました。彼の死後、毛沢東から「雷鋒同志に学ぼう」という題詞がおくられ、63年3月5日『人民日報』など各紙に掲載されました。この日は今でも記念日とされ、全国各地の学校や企業が学生や若者を集め、清掃活動や老人の世話などボランティア活動をおこなっているようです。[13]

さて、生前の雷鋒が残した様々な英雄的事跡は、その後伝記や連環画、映画などになり人々に広く伝えられてゆきました。しかし、それらにみ

---

13 雷鋒運動の社会的な変化については、肖俏「『雷鋒に学ぼう』運動に関する考察」（『人間文化』27号、2010）、唐亮「雷鋒——普通の兵士、偉大な英雄」（『月刊しにか』1999年10月号）などもあります。

第 3 章　共和国のヒーロー像　白毛女から雷鋒まで

られる雷鋒像は時代によって大きく変わっているようです。たとえば生前に撮られた雷鋒の写真、彼の背後に写った松の木はわりとしょぼいのですが、文革中には世相を反映してか、青々した立派な枝ぶりのものに変わっています。また連環画にみられる雷鋒が事故にあって負傷する場面は、文革中には具体的に描かれず、文革後にすこしずつ描かれはじめ、ついには面白おかしくコミカルに描かれるようになりました[14]。つまり、雷鋒という英雄にまつわる神話は、その時代に見合った形になんども創りなおされるというわけです。雷鋒の負傷場面がコミカルに描かれるのは、彼が堅苦しい英雄から、より皆に愛される民間のヒーローへ移行してゆく過程をあらわしているのかもしれません。建国後にみられる英雄像の変遷については、**武田雅哉『新千年図像晩会』**（作品社、2001）、**『よいこの文化大革命』**（廣済堂出版、2003）、**『中国乙類図像漫遊記』**（大修館書店、2009）などを読んでみてほしいです。いずれも図像が多く、楽しい本です。

　そしてさらに大切なことは、雷鋒神話もやはり、伝統的な中国の英雄物語をモチーフにしてつくられているということです。雷鋒はふらりとやってきて常人では理解不能な行動をする奇人ですが、こうした人物は5世紀に編まれた**劉義慶『世説新語』**（井波律子訳、平凡社東洋文庫、2013、全5巻）などによく見られたキャラのようです。また、彼のビジュアルも大事でしょう。雷鋒は兵士としてはかなり小柄でした。こうした常人とは異なる身体的特徴も、中国を代表する仙人の一人**李鉄拐**がそうであるように、古来より異能者のシンボルでした[15]。さらにいうなら、雷鋒は丸々とした顔に切れ長の目といった典型的なエビス顔で、福をもたらすキャラとしては、みなが納得するようなわかりやすい姿をしていました。彼と同時代には災害とたたかった**焦裕禄**（しょうゆうろく）（1922-1964）という英雄人物もいて、近年、**習近平**（しゅうきんぺい）（1953-）国家主席に「焦裕禄精神は永遠だ」と認

14　南山有理「雷鋒の「最期」──負傷する姿」（『火輪』第17号、『火輪』発行の会、2005）参照。
15　武田雅哉「『雷鋒おじさんと遊ぼう！』の図像学」（韓敏編『革命の実践と表象──現代中国への人類学的アプローチ』風響社、2009）参照。

められたほどエライ英雄です。しかし、いかんせん彼は肝臓を患いげっそり痩せた「病弱キャラ」でした。雷鋒が中国で最も人々に親しまれている英雄人物であるのは、こうしたところにも理由があるのかもしれません。

　ところが最近では、写真の雷鋒とは似ても似つかぬハンサム顔の雷鋒像がみられるとのこと。しかしそれも、雷鋒が本章でみてきたヒーローと同じように、時代にあわせて庶民が楽しめるかたちに変わってゆく途中の姿だと思えば、なにも不思議なことではありません。これからも、中国のヒーローは何度も変身をくり返し、私たちを楽しませてくれることでしょう。

図3-13　映画『焦裕禄』
（出典）http://www.youku.com/show_page/id_zcc0b0506962411de83b1.html より転載

第 3 章　共和国のヒーロー像　白毛女から雷鋒まで

読んでみよう・調べてみよう！

1　建国後の英雄物語と、関連する中国の古典小説を読み、それぞれに登場するキャラクターの魅力はどこにあるか、話し合おう

2　建国後の英雄物語と、古典小説のキャラクターの共通点、相違点を報告しよう

3　こうしたキャラクターがつくられた時代的、文化的、政治的背景を調べ、それがどのように作品に反映されているのか報告しよう

第4章
海を渡り日本をめざす

魯迅と留学生たち

1902年、明治35年、ある若い中国人留学生が、日本の首都東京に到着しました。のちに現代中国を代表する作家となる、魯迅（1881-1936、日本留学〔以下「留学」〕は1902-9）です。国語の教科書で、「故郷」という短篇を読んだ記憶のある人がいるかもしれません。〈纏足〉をした「豆腐屋小町」の「楊おばさん」や、西瓜畑で害獣を退治する幼なじみの「閏土」が、忘れがたい印象を残します。「故郷」とは、魯迅の出身地、〈江南〉の水郷都市〈紹興〉（浙江省）です。没落地主の家に生まれた魯迅

図4-1　魯迅（日本留学時代）

は、〈南京〉（江蘇省）の学校を経て、日本へと留学しました。

中国から日本へと留学生が来はじめるのは、1900年前後のことです。粒ぞろいの秀才たちは、中国の近代化を進める上で、大きな役割を果たしました。それから百年以上が経ち、日本に来ている留学生の総数は、1983年には1万人でしたが、2003年に10万人、2015年に20万人を超えました。そのうち中国人留学生が半数近くを占め、約9万人以上です。[1]

1　日本学生支援機構の「平成27年度外国人留学生在籍状況調査結果」に拠る（http://www.jasso.go.jp/about/statistics/intl_student_e/2015/index.html）。

第二次世界大戦以前、留学生の多くは、ひと足先に近代国家を建設した日本へと、欧米から輸入された科学を学びに来ました。その中から、日本を深く理解する人、日本と生涯の縁を結ぶ人、日本ゆえに運命を左右される人が現れます。魯迅をはじめとする中国人日本留学生に、どのような人がいて、どのような活動をし、日本とどう関わったのか。本章では、あなたの周りにもいる留学生の先輩たちを紹介したいと思います。[2]

革命運動と文学・芸術活動──魯迅ら第一世代の留学生

　中国から留学生が来るきっかけとなったのは、1894年に始まる〈日清戦争〉です。東方の小国に敗れた衝撃から、〈清国〉は日本の近代化に学ぼうと、1898年から派遣を開始しました。1904年に始まる〈日露戦争〉前後、留学生数は急増し、約8千名の規模となりました。[3] 中国人留学生が日本をめざしたのは、同じく〈漢字文化圏〉に属し、隣国で往来がたやすく、欧米に比べ生活費が安かった、といった事情があります。

　日本に到着した留学生は、語学学校で日本語を学ぶ一方、政治運動に関わりました。当時の中国は、漢族にとって異民族の〈満洲族〉が支配する王朝、〈清朝〉の末期でした。留学生たちは日本語を通して西洋式の学問を身につけながら、〈滅満興漢〉を旗印に、清朝打倒の革命運動を留学

図4-2　武田泰淳『秋風秋雨人を愁殺す──秋瑾女士伝』ちくま学芸文庫、2014

　2　戦前の中国人日本留学生に関する研究では、さねとうけいしゅう『中国人日本留学史』（増補版、くろしお出版、1981）、阿部洋『中国の近代教育と明治日本』（福村出版、1990）が基本文献です。

　3　清末の留学生については、厳安生『日本留学精神史』（岩波書店、1991）、酒井順一郎『清国人日本留学生の言語文化接触』（ひつじ書房、2010）などがあります。

第4章　海を渡り日本をめざす　魯迅と留学生たち

先の日本で展開しました。

　著名な革命家に、**宋教仁**(そうきょうじん)（1882-1913、留学は1904-10）、**秋瑾**(しゅうきん)（1875-1907、留学は1904-5）がいます。当時の留学生の日常は、**景梅九**(けいばいきゅう)（1882-1959、留学は1903-08）の回想『留日回顧——一中国アナキストの半生』（大高巌・波多野太郎訳、平凡社東洋文庫、1966）や、**黄尊三**(こうそんさん)（1883-?、留学は1905-12年）の『清国人日本留学日記——1905-1912年』（さねとうけいしゅう他訳、東方書店、1986）に、生き生きと描かれています。異国の生活習慣に対する好奇心、ホームシック、学業や人間関係の悩みなどは、現在の留学生にも共通する話題です。

　革命運動の一方で、文学に目覚める留学生も出てきます。**蘇曼殊**(そまんじゅ)（1884-1918、留学は1898-1903）は中国人を父、日本人を母として生まれたとされる、近代文学の先駆者です。『**断鴻零雁記**』(だんこうれいがんき)（飯塚朗訳、平凡社東洋文庫、1972）は日本の少女とのロマンスを描いた異色作です。

　第一世代の代表的な文学者は、**魯迅**です。東京での日本語学習を経て、仙台で医学を学んでいたころの思い出は、「**藤野先生**」や「**吶喊自序**」(とっかん)に描かれています（竹内好訳、『魯迅文集』1・2、ちくま文庫、1991）[5]。仲の良かった弟、**周作人**（1885-1967、留学は1906-11）が、兄に劣らず深く日本を理解していたことは、『**日本談義集**』（木山英雄編訳、平凡社東洋文庫、2002）のエッセイを読めばわかるでしょう。周は1937年に始まる〈**日中戦争**〉では、日本の傀儡政権に協力したため、戦後は〈**漢奸**〉(かんかん)〔漢民族の裏切り者〕として苦しい日々を送りました。[6]

　4　『宋教仁の日記』（松本英紀訳註、同朋舎出版、1989）は貴重な史料で、読みやすい訳に丁寧な注がつけられています。秋瑾については、中国文学者だった作家、武田泰淳による伝記『秋風秋雨人を愁殺す』（筑摩書房、1968、ちくま学芸文庫、2014）があります。
　5　留学の初期については、北岡正子『魯迅——日本という異文化のなかで』（関西大学出版部、2001）、仙台医学専門学校時代については、阿部兼也『魯迅の仙台時代』（東北大学出版会、1999）、二度目の東京時代については、北岡『魯迅——救亡の夢のゆくえ』（関西大学出版部、2006）があります。
　6　対日協力の苦しい胸のうちについては、木山英雄『周作人「対日協力」の顚末』（岩波書店、2004）があります。中国知識人の縮図として描いた伝記に、劉岸偉『周作人伝——ある知日派文人の精神史』（ミネルヴァ書房、2011）があります。

日本の演劇から刺激を受けて、劇団をつくる留学生たちも出てきます。中国最初の〈話劇〉〔現代劇〕の団体、〈春柳社〉は、1906 年、東京美術学校（現在の東京芸術大学）に留学していた、李叔同（弘一法師、1880-1942、留学は 1905-11）らによって組織され、翌年「椿姫」を上演しました[7]。西洋美術を学んだ李叔同は、帰国後はその先駆者ともなりました。春柳社の公演を見て同社に参加した、欧陽予倩（1889-1962、留学は 1902-10）は、帰国後中国の演劇や映画の開拓者として活躍しました。

　第一世代の留学生たちは、帰国後は役人あるいは教師となり、近代国家の建設、新しい教育制度の確立に従事します。この中から、魯迅・周作人兄弟のように、新しい文学運動をリードする人々が現れるのです。

エリートの満喫した大正文化──郭沫若・郁達夫ら第二世代

　1911 年に〈辛亥革命〉が勃発すると、留学生の大半は帰国します。その翌年、日本にもしばしば滞在した革命家、孫文（1866-1925）らの活躍で、〈中華民国〉が成立すると、新たな留学生が日本に来ます。彼らは日本人学生と肩を並べて、旧制高校〔現在の大学 1・2 年に相当〕から帝国大学へという、エリート学歴をたどりました[8]。

　第二世代の留学生たちは、大正デモクラシー期の日本で、〈大正教養主義〉の薫陶を受け、自由な日々を謳歌し、文学活動にも熱心でした。そんな中で、留学生による文学団体、〈創造社〉が誕生します[9]。中心人物は、郭沫若（1892-1978、留学は 1914-23）です。第六高等学校（岡山）と九州帝国大学で医学を学び、1920 年代終わりから亡命生活も送ったので、滞在は約 20 年に及びます。家族へとしたためた手紙『桜花書簡

　7　春柳社については、飯塚容・平林宣和・松浦恆雄・瀬戸宏『文明戯研究の現在』（東方書店、2009）、陳凌虹『日中演劇交流の諸相』（思文閣、2014）、飯塚容『中国の「新劇」と日本』（中央大学出版部、2014）があります。

　8　当時の日本の学歴エリートについては、竹内洋『学歴貴族の栄光と挫折』（講談社学術文庫、2011）、大正教養主義とマルクス主義の温床となった旧制高校については、秦郁彦『旧制高校物語』（文春新書、2003）が面白いです。

　9　創造社については、伊藤虎丸編『創造社資料別巻──創造社研究』（アジア出版、1979）が基本文献です。

第 4 章　海を渡り日本をめざす　魯迅と留学生たち

——中国人留学生が見た大正時代』（大髙順雄他訳、東京図書出版会、2005）には、受験生の苦労と故郷の家族への思いがうかがえます。『郭沫若自伝 2 ——黒猫・創造十年他』（小野忍・丸山昇訳、平凡社東洋文庫、1968）は、若い留学生たちが芸術に情熱を燃やす青春群像です。[10]

図 4-3　郁達夫（日本留学時代）

郭沫若の盟友だった郁達夫（1896-1945、留学は 1913-22）は、周作人と並んで日本文学をもっとも深く理解した作家です。第八高等学校（名古屋）と東京帝国大学で学びつつ、文学に耽溺しました。帰国後創作を開始し、留学時代に材をとった「沈淪」（駒田信二・植田渥雄訳、『現代中国文学』第 6 巻、河出書房新社、1971）で人気作家となります。希代の読書家だった郁の文学は、日本文学を存分に吸収して書かれたものです。[11] 昭和の詩人金子光晴（1895-1975）は回想『どくろ杯』（中公文庫、1976）で、1929 年前後に流浪先の上海で親しく交流した郁達夫や魯迅の横顔を描いています。戦前の上海には日本留学経験のある文学者が多く住み、日本語書籍を販売する〈内山書店〉などで、中国を訪れた日本人作家らと交流を深めました。[12]

幼くして来日、日中両語を自在に用いた陶晶孫（1897-1952、留学は 1906-29）は、第一高等学校（東京）や九州帝国大学等で学びました。日

10　武継平『異文化のなかの郭沫若——日本留学の時代』（九州大学出版会、2002）があります。
11　大東和重『郁達夫と大正文学』（東京大学出版会、2012）は、留学生郁達夫の目を通して、大正文学を描き直す試みです。
12　書店主の内山完造は、『花甲録——日中友好の架け橋』（平凡社東洋文庫、2011）に中国における半生の詳細な記録を残しました。

本語による日本論に『**日本への遺書**』（東方書店、1995）がありますが、その文業の全貌に接する全集のない点が憾まれます[13]。

中国人留学生の中で日本の作家ともっとも広く交流したのは、演劇家の**田漢**（1898-1968、留学は 1916-22）です[14]。欧陽予倩とともに、中国現代演劇の発展に大きく貢献しました。**谷崎潤一郎**(1886-1965)と親交があり、1926 年の上海滞在時に世話になった田漢や欧陽予倩を、谷崎は懐かしく回顧しています（『谷崎潤一郎上海交遊記』、みすず書房、2004）。日中の若い芸術家たちの交流は、「天真爛漫を発揮して且飲み、且啗ひ、且談じ、且騒いだ。どんなに無邪気な騒ぎ方をしたかは、しまひに私が胴上げをされ、頰擦りをされ、抱き着かれ、ダンスの相手をさせられたのでも分かる」というものでした（谷崎「きのふけふ」）。

のちに中華人民共和国の総理となる、**周恩来**（1898-1976、留学は 1917-19）も、日本留学経験者でした。『周恩来「十九歳の東京日記」』（矢吹晋編・鈴木博訳、小学館文庫、1999）には、当時の生活が詳細に記されています。のちの名宰相も、残念ながら受験に失敗して留学を断念、帰国し革命家としての人生を歩むことになります。

マルクス主義の洗礼――夏衍・黄瀛ら第三世代

大正時代のエリート青年たちを惹きつけたのは、〈**大正教養主義**〉でした。しかし大正末頃の 1920 年代に入ると、今度は〈**マルクス主義**〉が青年たちの心をとらえます。

中国では 1926 年、日本で軍事を学んだ経験のある**蒋介石**（1887-1975、留学・滞在は 1907-11）率いる〈**国民政府軍**〉が、北方の〈**軍閥**〉を打倒し中国を統一する〈**北伐**〉を開始し、1927 年 3 月に南京・上海を占領します。しかし 4 月には蒋介石ら〈**中国国民党**〉の右派が、〈**中国共産党**〉

13　佐藤竜一『日中友好のいしずえ――草野心平・陶晶孫と日中戦争下の文化交流』（日本地域社会研究所、1999）を読むと、陶と日本人との交流がよくわかります。厳安生『陶晶孫――その数奇な生涯』（岩波書店、2009）は、日中の狭間に生きた人生をたどります。

14　田漢と日本の関係については、小谷一郎『創造社研究――創造社と日本』（汲古書院、2013）が詳しいです。

第4章　海を渡り日本をめざす　魯迅と留学生たち

を弾圧する事件を起こします。1920年代の日本でマルクス主義の洗礼を受けた第三世代の留学生は、この前後に帰国し、1928年には魯迅ら上の世代の文学者を相手に、〈革命文学〉〔プロレタリア文学〕論争を展開しました。

　第三世代では、京都帝大で学んだ**馮乃超**（1901-83、留学は幼時から1927）、**李初梨**（1900-94、留学は1915-27）ら、日本のマルクス主義の理論家である**福本和夫**（1894-1983）から影響を受けた人々が活躍しました。彼らは第二世代の留学生が結成した創造社のメンバーに誘われて加入、帰国し活動を支えました。[15]

　1921年から23年の中国新文学勃興期には、第一世代の魯迅・周作人らと、第二世代の郭沫若・郁達夫らが、対立を含みつつも活躍しました。1928年の革命文学に関する論争では、第三世代の馮乃超や李初梨らが、第一世代の魯迅らを攻撃し、激しく対立しました。しかし国民党による弾圧を前に両陣営は和解、1930年の〈**中国左翼作家連盟**〉〔左連と略称〕結成へと至ります。

　この世代の留学生で広く活躍したのは、劇作家の**夏衍**（1900-95、留学は1920-27）です。明治専門学校（現在の九州工業大）在学当時の、映画三昧の日記は、『**杭州月明──夏衍日本留学日記　一九二五**』（阿部幸夫編著、研文出版、2008）として訳されています。当時は日本映画の最初の黄金時代でした。留学時代をあつかった自伝には、『**日本回憶──夏衍自伝**』（阿

図4-4　夏衍（二十歳代）

15　李初梨らの文学論については、阿部幹雄『中国現代文学の言語的展開と魯迅』（汲古書院、2014）に論考が収められています。

部幸夫訳、東方書店、1987)があります。夏衍は帰国後、演劇・映画などの分野で活躍しました。左連結成でも中心的な役割を果たし、1949年の〈中華人民共和国〉建国後も、文芸界では郭沫若や茅盾(ぼうじゅん)(1896-1981、留学ではないが1928-30年東京・京都に滞在)に次ぐ重要な地位を担いました。

　戦後の中国で重きをなした夏衍と対照的なのが、章克標(しょうこくひょう)(1900-2007、留学は1918-26)です。東京高等師範学校で学んだ章も、夏衍同様、あこがれの先輩作家郁達夫の影響を受け、また郁の恋愛事件を題材として長編『銀蛇(ぎんだ)』を書きました。章は戦中、蔣介石に次ぐ国民党の実力者だった汪兆銘(おうちょうめい)(1883-1944、留学は1904-07)がつくった親日傀儡政府に協力し、戦後「漢奸」とされます。近年『章克標文集』(上海社会科学出版社、2002)が出て文業の多くを見られるようになりました。[16]

　この世代で異彩を放つのは、豊子愷(ほうしがい)(1898-1975、留学は1921)です。その洒脱(しゃだつ)かつ辛辣(しんらつ)な散文、独特のスタイルを持つ漫画で知られる、現代中国を代表する画家の一人です。留学期間は一年未満と短いものの、日本の美術学校で学び、竹久夢二(たけひさゆめじ)(1884-1934)らから影響を受けて独自の作風を確立しました。日本文学の翻訳でも知られ、『源氏物語』を最初に中国語に訳した人でもあります。[17]

　大正の作家と広く交流した田漢に対し、大正末から昭和初期の詩人たちと広く交流したのが、黄瀛(こうえい)(1906-2005、留学は1914-29)

図4-5 『詩人黄瀛　回想篇・研究篇』詩集《瑞枝》復刻記念別冊、蒼土舎、1984

　16　章克標については、大澤理子の論文「〝淪陥期〟上海における日中文学の〝交流〟史試論——章克標と『現代日本小説選集』」(『東京大学中国語中国文学研究室紀要』第9号、2006年4月)があります。

　17　豊子愷については、楊暁文『豊子愷研究』(東方書店、1998)、西槇偉『中国文人画家の近代——豊子愷の西洋美術受容と日本』(思文閣出版、2005)、大野公賀『中華民国期の豊子愷』(汲古書院、2013)などがあります。

です。中国人の父と日本人の母の間に生まれた黄瀛は、文化学院や陸軍士官学校で学び、日本語詩集『瑞枝』(ボン書店、1934) を出しました。中国籍の作家が日本の文壇で広く受け入れられたのは、黄瀛が最初です。**草野心平**と文通で知り合い、**高村光太郎**の彫刻のモデルとなり、**宮澤賢治**を病床に見舞いました。[18] 高村は『瑞枝』の序詩で、「まるで考へられないことだ、こんなにも美しい詩の数数が／言葉を殊にするあなたの指先から出でようとは」と讃えました。

国境を超えた連帯——胡風ら第四世代

蔣介石の指導する国民政府軍は、1928年に北伐を完了し、〈南京〉に首都を置く中華民国が、ようやく全国を統一しました。1930年代には近代国家としての整備が進みます。留学生も、国民党を支持する一派と、共産党を支持する一派、政治に関わらない学生とに分かれましたが、文化面で活動が目立ったのは、マルクス主義を信奉する人々で、日本の思想を同じくする人々とも密接な連絡を持ちました。

美術家の**許幸之**(1904-91、留学は1924-29) や**司徒慧敏**(1910-87、留学は1928-30) は、東京美術学校で学びながら、

図4-6　胡風(日本留学時代)

中国人留学生を集め、1928年に〈青年芸術家連盟〉を結成しました。左翼の演劇人、**秋田雨雀**・**藤森成吉**・**村山知義**らと連絡があり、講義を受けるなど活発に交流しました。日本の左翼劇団が1930年に「**吼えろ支那**」を上演した際には、留学生が衣装・稽古の顧問をしました。

18　黄瀛の波乱に富んだ生涯については、佐藤竜一『黄瀛——その詩と数奇な生涯』(日本地域社会研究所、1994) があります。

『わが青春の日本——中国知識人の日本回想』（人民中国雑誌社編、東方書店、1982）や『あのころの日本——若き日の留学を語る』（鍾少華編著、日本華僑社、2003）は、この世代や1930年代の留学生たちの回想を収めます。

　1930年上海で〈中国左翼作家連盟〉が結成されました。「無産階級革命文学」〔プロレタリア文学〕のスローガンのもとに、魯迅・田漢・夏衍らが集まった、世代を超えた団体です。左連結成を受けて、日本に留学していた、**任鈞**（1909-2003、留学は1929-?）、**葉以群**（1911-66、留学は1930-31）らは、1931年の〈満洲事変〉勃発後に来日した**謝冰瑩**（1906-2000）らとともに、〈左翼作家連盟東京支部〉〔東京左連〕を組織しました。これに**胡風**（1902-85、留学は1929-33）らも加わります[19]。

　第四世代の中でも、胡風は、同時代の作家たちへの影響力や、また中華人民共和国建国後の1955年の大きな政治弾圧事件、〈**胡風事件**〉の中心人物であったこともあって、重要な人物です。日本のプロレタリア文学団体に参加、**小林多喜二・中野重治**らと知り合います。抗日運動を行ったため1933年逮捕・拘留され、東京左連は壊滅、帰国しました。留学時代を含む自伝の邦訳に、『**胡風回想録**』（南雲智監訳、論創社、1997）があります。

　マルクス主義の旗印のもと、日中の学生たちや文学者・知識人の間に交流の築かれたことが、この第四・五世代の、左傾した留学生たちの活動の特徴です。日中両国文化人たちの国境を越えた連帯は、留学生の文化活動に活気をもたらしました。

軍靴のあしおとが聞こえる——張香山・雷石楡ら第五世代

　1931年9月18日の〈**柳条湖事件**〉を機に、〈満洲事変〉が勃発し、日中は15年間にわたる泥沼の戦争状態となります。満洲事変後、留学生たちの間に帰国運動が起きますが、1933年ごろから留学生たちが再び日本にやって来ます。当時は日本円が下落して東京での生活費が安く

---

[19] 東京左連については、小谷一郎『一九三〇年代中国人日本留学生文学・芸術活動史』（汲古書院、2010）があります。

第4章　海を渡り日本をめざす　魯迅と留学生たち

すんだことや、中国では出版が禁じられたマルクス主義の著作が日本ではまだ手に入ったことなどが、海を渡り日本をめざす魅力となりました。

　旅券(パスポート)なしで往来できる日本へとやってきた、進歩的思想を持つ留学生たちの活動の中心が、〈左翼作家連盟東京支部〉〔東京左連〕でした。1931年結成の東京左連は、33年いったん壊滅しますが、同年中に林煥年(りんかんねん)らによって再建されました〔東京左連後期〕。これに、新たに来た林林(りんりん)（1910-2011、留学は1933-36)、蒲風(ほふう)（1911-43、留学は1934-36）などが加わり、『東流』『雑文』『詩歌』などの雑誌を刊行しました。[20]

図4-7　張香山『日本回想——戦前、戦中、戦後思い出の記』自由社、2003

　第五世代にも、第四世代同様、プロレタリア文学への親近が見られます。張香山(ちょうこうざん)（1914-2009、留学は1933-37）は、1928年故郷の〈寧波(ニンポー)〉（浙江省）から〈北平〉〔当時の北京の呼称〕へ出て、日本語を学び日本の雑誌を通じてプロレタリア文学を知りました。日本で青春の日々を過ごしますが、日中戦争では共産党に従軍し、日本人捕虜の対応に当たります。『日本回想——戦前、戦中、戦後想い出の記』（自由社、2003）にはその経験が詰まっています。

　第五世代の文学活動の特徴としては、雑誌刊行の他に、演劇活動と詩作が挙げられます。杜宣(とせん)（1914-2004、留学は1933-37）は、1934年に結成された〈中国文学研究会〉の竹内好(よしみ)や武田泰淳(たいじゅん)ら、日本の中国文学者と交流がありました。彼らから曹禺(そうぐう)（1910-96）の劇作『雷雨』を教えられた杜宣は、1935年、日本の劇団の協力を受けて上演しました。

20　東京左連やその雑誌については、北岡正子「『日文研究』という雑誌」上下（『中国——社会と文化』第3／5号、1988年6月／1990年6月）、小谷一郎「一九三〇年代後期中国人日本留学生文学・芸術活動史」（汲古書院、2012）などの研究があります。

日本語を用いて詩作を行った点で、**雷石楡**（らいせきゆ）（1911-96、留学は1933-36）は見逃せません。東京左連の活動に参加する一方で、日本のプロレタリア詩誌に日本語の詩を発表、日本語詩集『**砂漠の歌**』（前奏社、1935）を刊行しました。詩や自伝などを訳した『**もう一度春に生活できることを——抵抗の浪漫主義詩人雷石楡の半生**』（池澤實芳・内山加代訳、潮流出版社、1995）、『**八年詩選**』（内山加代訳、潮流出版社、2003）などがあります。

日中戦争開戦後の留学生

　1937年7月7日、〈盧溝橋事件〉が起き、日中が全面戦争に突入、中国人留学生はその大半が帰国しました。日本留学経験者は、日本に対し愛着を抱きながらも、多くが侵略に抵抗して〈**抗日**〉（こうにち）の戦列に加わります。戦中インドネシアに逃れた郁達夫は、悲劇的なことに戦後日本軍の憲兵に殺害されて生涯を閉じました。[21] その一方で、真意は明らかではありませんが、日本に協力し戦後漢奸として指弾された、周作人や**張資平**（ちょうしへい）（1895-1947、留学は1912-22）のような人々もいます。日本の中国侵略に際し、日本留学経験が、人生に大きな影を投げかけたのです。

　日中開戦後も、日本留学が終結したわけではありません。1940年、南京に**汪兆銘**（おうちょうめい）の政府が作られると、そこから留学生がやって来ます。また1932年中国東北地方に作られた日本の傀儡国家〈満洲国〉からも、途切れることなく留学生が来ました。〈長春〉（吉林省）で育った**梅娘**（ばいじょう）（1920-2013、留学は1938-42）はこの時期の留学生の一人で、留学先の関西、及び日中戦争下の北京で優れた創作を発表しつづけました。[22]

　戦後、社会主義国家〈**中華人民共和国**〉の誕生とともに、留学生の波はいったん途切れました。しかし日本留学経験者は、政治運動の渦に巻き込まれ辛酸（しんさん）をなめつつも、日本と中国の関係において重要な架（か）け橋

21　晩年の悲劇については、鈴木正夫『スマトラの郁達夫——太平洋戦争と中国作家』（東方書店、1995）があります。

22　羽田朝子氏による論文「梅娘ら『華文大阪毎日』同人たちの「読書会」」（『現代中国』第86号、2012年9月）などの研究があります。

第4章　海を渡り日本をめざす　魯迅と留学生たち

の仕事をします。その姿の一端は、**水谷尚子**によるインタビュー集『**「反日」以前——中国対日工作者たちの回想**』（文藝春秋、2006）にうかがうことができます。

そして1970年代末に始まる〈**改革開放**〉以降、再び中国から留学生が、海を渡り日本をめざしてくるようになります。留学生の中からは、**楊逸**（ヤンイー）（1964-）のように、芥川賞を受賞する作家も現れました（『**すき・やき**』、新潮文庫、2012）。中国で話題の雑誌『**知日**』のような、日本を知るブームも湧き起こっています（毛丹青・蘇静『**なぜ中国人は、日本が好きなのか！**』、潮出版社、2015）。

図4-8　楊逸『すき・やき』

海を渡り日本をめざす中国の留学生たちが、今後も途切れることはないでしょう。

読んでみよう・調べてみよう！

1 日本で学んだ中国人留学生の日記や回想録を読み、留学生の日常生活や悩みを、現在の私たちの学生生活と比較してみよう

2 一人の留学生に焦点を当て、その人が書いた作品や人物に関する研究書・時代背景に関する書籍を読み、報告してみよう

3 あなたの周りにいる留学生に、日本に来た目的や日本に対する印象・関心の対象・日常生についてインタビューし、報告してみよう

第5章
まだ見ぬ星座を求めて

廃名と星々のものがたり

　本書は「中華文化スター列伝」と名づけられていますが、誰もが有名になりたいとも、有名だから偉いとも限りません。作家・詩人の**廃名**(1901-67)は、その名の通り、「名を廃する」ことで「名を有する」ことになった人物です。

　廃名は本名を馮文炳と言い、湖北省黄梅県に生まれました。ペンネームの「廃名」とは、「自分には名前などいらない」と言ってつけたようです。彼は、隠遁生活を好んだり、禅にハマったり、常人には理解することが難しい小説を書いたりと、独自の人生を突き進みました。[1]社会的リーダー、輝く星、つまりスターとなることを拒絶し、あえて夜空の中に埋没しようとしたのです。

図 5-1　廃名の立ち姿
（出典）王風編『廃名集』第二巻、北京大学出版社、2009
＊出典での情報によると、1930年代、北平（北京）にて「東方興記美術照相部」が撮影したものだという。

---

[1] 廃名の全体像は、王風編『廃名集』（北京大学出版社、2009）で知ることが出来ます。また、日本語訳としては、短篇小説「桃畑」（佐藤普美子訳、『中国現代文学珠玉選』1、二玄社、2000）、散文「秋心（梁遇春君）を悼む」（佐藤普美子訳、『中国現代散文傑作選 1920-1940——戦争・革命の時代と民衆の姿』、勉誠出版、2016）があります。

凄いことをしているのは分かるのだけど、何が凄いのかが分からない。彼の作品は、一部の奇矯(ききょう)な文化人に支持されはしたものの、その真意が理解されることはほとんどありませんでした。そもそも、名前などいらないと言うくらいなのだから、やはり少し変わっている人だったのかもしれません。その結果、文学者や研究者もまた、彼をうまく歴史の中に位置づけることができませんでした。

　ところで、歴史を紡(つむ)ぐという行為は、星座を形作ることに似ています。後世の人々は多くの場合、無数にある星の中から、最も輝いて見えるものを結びつけることで、星座＝歴史を作り上げてきました。でも、すぐに考えてみれば分かるように、そうしてつながった星座は、きわめて恣(し)意(い)的な産物に過ぎません。われわれは時として、星と星との別のつながり方や、無数の星々を捨象(しゃしょう)した上で、歴史という名の星座を見ているのです。

　この意味において、廃名は、みずからは星座の一員になることを求めず、あえて夜空に没することを選んだ人物だと言えます。それでは、彼はなぜスターになることを拒んだのでしょうか？　また、中華圏において、彼と同じような立場を選んだ人々、作品には、いかなる魅力があるのでしょう？　本章では、改めて中華圏という夜空を見つめ直すことで、星々のものがたりに身を寄せてみましょう。

色とりどりの光——**新詩**について

　単に大きく輝くのではなく、独特な輝きを放つ人。誰もが知る星座の一員であることを拒み、別の星と星のつながりの中に身を置こうとする人。あるいは、夜空にひそむ人。われわれはそういう人々を、詩人と呼ぶべきではないでしょうか。

　詩はもともと、伝統中国において、〈**科挙**(かきょ)〉の試験の一つとして、広く社会的価値が認められてきました。漢詩を思い出してみてください。「絶句」や「律詩」といった形式、それに**李白**や**杜甫**などの詩人の名前は、日本でもたくさんの人に知られています。ただし、中国では1910年代

第5章　まだ見ぬ星座を求めて　廃名と星々のものがたり

後半に〈五四運動〉、それにともなう〈新文化運動〉が起こると、新しい詩が重視され始めることとなります。中国では、こうして登場した新しい詩のことを、〈新詩〉と呼び表し、それまでの詩を〈旧詩〉と呼んで区別しています。[2]

廃名は、この新しい時代の詩である〈新詩〉を、世界をより深く、広く感受するための方法と捉えていました。例えば、彼は、「新詩は、詩の内容を、散文の言葉で表現したもの」という箴言を残しています。[3]「詩の内容」とは、いわゆるポエジーにあたり、世界に満ちる神秘のことです。その世界の神秘を、誰もが分かる「散文の言葉で表現」すること。彼にとって、詩は、世界そのものを見つめ直すための手段にほかなりませんでした。

図 5-2　徐志摩『落葉』北新書局、1926（百花文芸出版社、2005 年、影印本）

　ここで注目しておきたいのは、20 世紀以降の中国知識人にとっても、新詩は、世界の神秘を表現する手段であったことです。最初期の頃は、胡適（1891-1962）が古臭い形式を解き放ち、話し言葉の持つ躍動感を詩に取り入れて、知識人たちを驚かせました。また、郭沫若（1892-1978）は、やみくもに過去の詩人を称揚することを戒めて、今を生きる自分の心を分析しようとしました。彼らは旧詩のもつ古臭い要素から脱皮し、今ある自分たちの世界がどのようなものなのかを見極めようとしていたわけです。魯迅（1881-1936）［第 4 章参照］もこの時期に散文詩集『野草』（竹内好訳、岩波文庫、1980）を書いており、彼の作品の中でも、特に一級品のものとして評価されています。

2　中国における新詩を考える際には、謝冕『中国現代詩の歩み』（岩佐昌暲編訳、中国書店、2012）が読みやすいでしょう。
3　『談新詩』（北京新民印書館、1944、署名「馮文炳」）参照。その一方で、旧詩については、「散文の内容を、詩の言葉で表現したもの」と述べています。

1920年代後半になると、ポエジーをより洗練された形で表現するために、現代中国語に関心を向ける人々が登場します。例えば、**徐志摩**(じょしま)(1897-1931)や**聞一多**(ぶんいった)(1899-1946)ら〈**新月派**(しんげつは)〉に属す人々は、言葉そのものの持つ響きや、音楽性に注目した詩作を行いました。彼らは、自分たちの生きる世界をより豊かに描き出すために、現代

図 5-3　顧城の絵
(出典)顧城『顧城的詩　顧城的画──顧城詩歌精品』江蘇文芸出版社、2009

中国語に即した詩の形式の確立に、大きな情熱を傾けたのです。新月派(しんげつは)の詩は、視覚的にも聴覚的にも非常に洗練されており、ぜひとも原文を手に取ることをお勧めします。
　1930年代は**戴望舒**(たいぼうじょ)(1905-50)や**卞之琳**(べんしりん)(1910-2000)ら、今日において〈**現代派**〉というグループに分けられる人々が登場します。彼らは、モダニズムの影響下、現代中国語の表現に磨き(みが)をかけつづけました。また、古今東西の詩や文章を数多く翻訳、紹介することで、中国文学全体の芸術性を底上げしたことでも重要です。特に1937年から〈**日中戦争**〉が始まると、〈**九葉派**(きゅうようは)〉と名付けられたグループが出てきます。中でも、**穆旦**(ぼくたん)(1918-77)は、戦争をめぐる表象を行い、詩に現実の生々しさを取り入れたという点で、特筆すべき詩人であるといえるでしょう。以上の詩人の作品については、シリーズ「**現代中国の詩人**」(秋吉久紀夫訳、土曜美術社、1989-99、全10集)で、全面的に日本語訳がなされているので、手に取ってみてください。
　1949年、〈**中華人民共和国**〉が成立すると、「人民のために奉仕する」、「雷鋒に学べ」など、キラキラと輝くスローガンが登場します。短い言葉であるという一点だけを取れば、これも詩と変わらないと言えるかもしれません。ただ、本章の文脈で詩と呼べるのは、1980年代に大活躍

第5章　まだ見ぬ星座を求めて　廃名と星々のものがたり

した北島(ベイタオ)(1949-)や顧城(コジョウ)(1956-93)ら〈朦朧詩派(もうろうしは)〉に位置づけられる人々の詩作でしょう。[4] 彼らは単純明快なスローガンとは異なる、朦朧かつ晦渋(かいじゅう)な言葉を用いることで、当時の若者たちの複雑な心情をよりリアルに表現しました。

　なかでも、顧城(こじょう)の「一代人(イーダイレン)」という詩は、1966年から76年にかけて発生した〈文化大革命〉の後の、中国人の精神性を如実に表現したものとして、人口に膾炙(かいしゃ)しました。二行の短い詩なので、以下に引用しておきましょう。

　　黒夜給了我黒色的眼睛　　　暗黒の夜が私に黒い目をくれた
　　我却用它尋找光明　　　　　しかし私はそれで光明を探す

　自分は暗黒の夜空に埋没したけれども、それでも光を探さなければならない。ここには新しい時代の精神と共に、中国における新詩のあり方もうかがい知ることができるでしょう。

　最近では、余秀華(よしゅうか)(1976-)のように、インターネット上で詩作を発表する人々にも注目が集まっています。また、大陸の外に目を向けてみても、台湾の洛夫(らくふ)(1928-)や瘂弦(あげん)(1932-)ら、魅力的な詩人がたくさんいます。なお、台湾の詩については、「**台湾現代詩**」(国書刊行会、2002-04)や「**台湾現代詩人**」(思潮社、2006-)といったシリーズが出ており、すでに多くが日本語でも読めるようになっています。

　先にも述べたように、廃名は新詩を、世界そのものを見つめ直すものと考えていました。力強く輝く星だけではなく、色とりどりの光を放つ星に目を向けること。彼や中国の詩人たちは、多彩な光を放つ新詩を武器に、新しい星座の一員となろうとしていたのです。

4　朦朧詩については、『現代中国詩集』(財部鳥子他訳、思潮社、1996)、特に北島については、『北島詩集』(是永駿訳、書肆山田、2009)がいい翻訳です。

現代のシャーマン——散文について

皆さんは課題のエッセイやレポートに追われて、徹夜をした経験はありませんか？ あるいは、日の出ているうちはやる気が起きず、外が暗くなってからようやくエンジンがかかるという人も多いと思います。文章を書くという作業は、あたかも古代のシャーマンのように、どうも暗い夜の中でひそかに行う方が似合っているようです。

図5-4　『橋』紙面
（出典）廃名『橋』開明書店、1932、上海書店、1986、影印本

廃名は小説を書くとき、ストーリーやメッセージはもちろん、文章そのものに趣向を凝らした人物として有名です。例えば、長編小説『橋』（開明書店、1932）は、漢詩・漢文の美学を小説に持ち込み、独特の世界を作り上げた名作です。彼が追求していたのは、分かりやすいメッセージを大衆に伝えることよりも、いかに味のある文章を作り上げるのかということでした。

ここで注意しておくべきなのは、中国においては、文章を書くという行為が一般の日本人が考える以上の重要性を持っていることです。伝統中国における文章、特に書き言葉である〈文言文〉は、先ほどの旧詩と同じく、非常に重視されてきました。『論語』や『史記』など、日本でもよく知られる漢文を想像していただければいいでしょう。また、先述した新文化運動以降は、文言文に加えて、話し言葉を元にした〈白話文〉も重視され始めます。こうした歴史的経緯の下、中国の知識人は言葉のプロフェッショナルとして、全人生をかけて文章に向き合ってきたのです。

今日の中国では、こうした知識人の書く文章のことを〈散文〉と呼んでおり、日本以上に大きな発展を遂げています。ここでいう散文とは、

第5章　まだ見ぬ星座を求めて　廃名と星々のものがたり

いわゆる随筆のようなものだけではなく、旅行記、日記、書簡体、それに時事的な短評など多岐に渡ります。特に、近代以降のものについては、『中国現代散文傑作選 1920-1940 ──戦争・革命の時代と民衆の姿』（中国一九三〇年代文学研究会編、勉誠出版、2016）が出ているので、手にとってみましょう。

　現代中国語における散文の開拓者ともいる人物が、魯迅の弟、**周作人**（1885-1967）です。[5] 彼は中国だけではなく、日本、ヨーロッパの事象を題材に数多くの文章を書き、後世に多大な影響力を及ぼしました。日本語では『周作人随筆』（松枝茂夫訳、冨山房百科文庫、1996）や『日本談義集』（木山英雄訳、平凡社東洋文庫、2002）が手に取りやすく、また読みやすいでしょう。兄の魯迅が散文の一種である〈雑文〉を書き、知識人批判、体制批判を行ったことも重要です。研究者の中には、彼の文学の本領は小説にはなく、雑文にあったと言う人も数多くいます。

　他にも、**朱自清**（1898-1948）は、当時一流の散文家であり、広く芸術的な文章を手がけた人物として看過できません。例えば、「**後ろ姿**」〔原題：「背影」〕という作品は、中国の教科書に取り上げられており、中華圏では知らない人がいないほど有名な作品となっています。また、美学者の**朱光潜**（1897-1986）は美術に関する優れた文章を書いており、こちらも知名度の高い人物ですが、まだまだ日本では知られていません。[6] **豊子愷**（1898-1975）はユーモアある漫画、散文を書いており、誰でも親しみのもてる人物です。日本でも『**縁々堂随筆**』（吉川幸次郎訳、『吉川幸次郎全集』第16巻、筑摩書房、1970）でまとまった形で翻訳がなされているので読んでみてください。[7]

　5　周作人については、日本でも紹介がなされています。中でも、彼の思想を考察したものとしては、伊藤徳也『「生活の芸術」と周作人──中国のデカダンス＝モダニティ』（勉誠出版、2012）が面白いです。

　6　ただし、戦前に『西湖の夜──白話文学二十篇』（土井彦一郎訳注、白水社、1939）という本が出版されており、他の知識人の散文とともに、朱光潜の「趣味を語る」という一篇が収められています。

　7　ここまで紹介してきた人々は、有名どころの周作人と魯迅を除くと、『中国現代散文傑作選 1920-1940』に朱自清「後ろ姿」（小谷一郎訳）、朱光潜「人生と自分について──

ところで、20世紀中国の言葉を考える上で、**毛沢東**(1893-1976)［第2章参照］の文章は看過できません。彼の〈**毛文体**〉と呼ばれる文体は、最高の言語学者を呼び寄せて編み出されたもので、非常に簡潔で合理的な文章として重要です。例えば、『**毛沢東選集**』や『**毛主席語録**』所収の文章は、内容面には難しいところがありますが、文法面は中国語初心者でも理解しやすいものとなっています。その一方で、**銭鍾書**(1910-98)［第11章参照］の『**管錐編**』は、邦訳は出ていませんが、古今東西の知を詰め込んだ、超一級品の**文言文**として挙げて

図5-5 毛沢東著、竹内実訳『毛沢東語録』平凡社ライブラリー、1995

おきましょう。彼らの文章は、厳密には散文とは言えないかもしれませんが、中国人の言葉への意識を知るには外すことができません。

さて、〈文革〉が終わると、**巴金**(1904-2005)が『**随想録**』(石上韶訳、筑摩書房、1982-88)を書いて、苦難を潜り抜けた知識人の痛みを表現しました。また、**史鉄生**(1951-2010)の『**記憶と印象**』(栗山千香子訳、平凡社、2013)所収の文章では、自己の奥底にある魂との対話を続けた、渾身の文章に触れることが出来ます。さらに、文章に対する執着は、中国大陸に生きる人々にとどまりません。マレーシア生まれの**黄錦樹**(1967-)の文章からは、漢字の**呪詛**ともいえるものが漂ってきます。彼の作品は、『**夢と豚と黎明**』(大東和重訳、人文書院、2011)において、日本語でも読むことができるようになりました。

古の時代、漢字が呪術に使われていたことを想起すると、現代の中

中高生に送る十二の手紙　その十二」(大橋義武訳)、豊子愷「おたまじゃくし」(大久保洋子訳)と翻訳がなされています。

8 『毛主席語録』については、『毛沢東語録』(竹内実訳、平凡社ライブラリー、1995)の名で翻訳が出ています。

第5章 まだ見ぬ星座を求めて 廃名と星々のものがたり

国知識人もまた、言葉をつかさどるシャーマンと言えるかもしれません。廃名は、こうした特殊な社会の中で、散文の言葉を彫琢し、新しい世界を形作ろうとしていました。彼を含む多くの知識人は、単に趣味で文章を書いたのではなく、文章のもつ神秘的な力にその身を託そうとしていたのです。

「怪力乱神」を語りつくそう──神秘と幻想の世界

暗い夜空に埋没するということは、昼の世界とは異なる世界に生きることでもあります。そこは常識が通じず、人間の死と生は地続きになり、あの世とこの世がつながっている……のかもしれません。ここで、中国ではもともと、〈六朝志怪〉や〈唐代伝奇〉など、神秘と幻想を題材にとった話が、数多く登場していたことを思い出してもいいでしょう。[9]

しかしながら、中国の知識人には、「怪力乱神を語らず」と言って、そうした神秘や幻想を排除しようとする気質がありました。[10] 20世紀中国における言説を見てみても、「反封建」や「反伝統」、それに「近代化」といった言葉とともに、しつこいほど迷信の否定という点を強調していることが分かります。なぜでしょうか？　端的に言って、中国社会が、神秘と幻想に満ちているからにほかなりません。中国の知識人は「怪力乱神を語らず」というスタンスを貫くことで、社会における自らの位置を確保しようとしたということです。

廃名が特徴的なのは、こうした神秘や幻想を排除するのではなく、その成り立ちを探ろうと努めた点にあります。例えば、彼が『莫須有先生伝』（開明書店、1932）という、「莫須有」〔いるかいないか分からない〕「先生」のための「伝」記を書いたことは有名です。廃名は単純に現実を描くのではなく、いるかいないか分からない人間を描くことで、現実を成り立たせ

---

[9] 「六朝志怪」は、六朝時代に残された奇怪な話。「唐代伝奇」とは、唐代により複雑なストーリーで書かれた不思議な話のことです。本間洋一編『中国古小説選──六朝志怪・唐代伝奇』（和泉書院、1992）が初学者用のテキストとして最適でしょう。

[10] 「怪力乱神を語らず」とは、孔子が言ったとされる言葉です。その歴史と実態については、井波律子『中国幻想ものがたり』（大修館書店、2000）などを参照ください。

る枠組みに揺さぶりをかけようとしました。また、仏教の禅に影響を受けて、『阿頼耶識論』(1947) という文章を記し、人間の認識について問い直そうとする試みも行っています。

　もちろん、廃名のほかにも、中国では20世紀以降、先述した聞一多が神話を集めたり、周作人らが民俗学という学問を立ち上げたりするなど、神秘や幻想を学問として考えようとする人々は存在していました[11]。また、実作を挙げてみても、魯迅が『故事新編』(竹内好訳、岩波文庫、1979) で神話をモチーフに創作を行っていたことは有名です。他にも、日本人にも人気の高い老舎 (1899-1966) は、戯曲の名作『茶館』(1957) において、キリスト教の雰囲気の濃いシーンを登場させています。このように、廃名のほかにも、中国では「怪力乱神」を語ろうとする知識人は、実は数多く存在していました。

　ここで、中華圏の大衆社会が、官界〔役人の世界のこと〕を中心とする正統社会との対比で、〈江湖〉という概念で表現されることが多いことを指摘しておきましょう。例えば、神秘と幻想とは程遠いかもしれませんが、その江湖の代名詞とも言えるのが、〈黒社会〉〔ヤクザ〕です。中国では、明末清初に誕生した〈洪門〉、上海を牛耳る〈青幇〉、各地に散らばる〈紅幇〉と言った血なまぐさい民間組織があり、山田賢『中国の秘密結社』(講談社選書メチエ、1998) や、福本勝清『中国革命を駆け抜けたアウトローたち──土匪と流氓の世界』(中公新書、1998) などが、その独特な歴史を描いています。

　また、正統社会の裏側である江湖には、占い、宗教、武術その他もろもろが百花繚乱に咲き乱れていることも、その特徴として挙げることができます。例えば、志賀市子『中国のこっくりさん──扶鸞信仰と華人社会』(大修館書店、2003) が、今も信じられている〈扶鸞〉について紹介しており、非常に面白いです。扶鸞とは、Y字の棒を用意して、柄

11　聞一多の神話研究は、日本語訳に『中国神話』(中島みどり訳、平凡社東洋文庫、1989) があり、周作人の民俗学については子安加余子『近代中国における民俗学の系譜──国民・民衆・知識人』(御茶の水書房、2008) がまとまっており、読みやすいです。

第 5 章　まだ見ぬ星座を求めて　廃名と星々のものがたり

の部分を二人で持つだけで、あら不思議。「こっくりさん」のように、勝手に手が動いて未来を占うことができるという代物（しろもの）です。

こうした中で、〈武俠小説（ぶきょうしょうせつ）〉は、江湖を舞台とした作品であり、中華圏の大衆社会の想像力を考える上で看過できません[12]。20世紀の中国では、**平江不肖生（へいこうふしょうせい）**（1890-1957）が『**江湖奇俠伝（こうこききょうでん）**』（1923-?）を早くに書いており、中華圏の文化に新風をもたらしました。この小説は「**火燒紅蓮寺（燃える紅蓮寺）（りょうれんじ）**」（1928-1931、全18集）というタイトルでシリーズ映画となり、大ヒットを記録しました。今日の中華圏においては、**金庸**、**梁羽生（りょううせい）**、**古龍（こりゅう）**ら三人の武俠小説が今もなお広く読まれているので、押さえておきましょう。

特に、**金庸（きんよう）**（1924-）については、日本でもシリーズ「金庸武俠小説集」（徳間書店、1996-2004）が刊行されており、すぐに手に取ることができます。お勧めしたいのが『**射鵰英雄伝（しゃちょうえいゆうでん）**』、『**神鵰俠侶（しんちょうきょうりょ）**』、『**倚天屠龍記（いてんとりゅうき）**』の「射鵰三部作（しゃちょうさんぶさく）」、それに『**天龍八部（てんりゅうはちぶ）**』と『**笑傲江湖（しょうごうこうこ）**』です[13]。これらの小説は、エンターテインメントとして超一級品というだけではなく、思想、歴史、科学を含む森羅万象を描いており、文学作品としても非常に優れています。日本では一部のファンにしか知られていませんが、中華圏では知らぬ者がいないと言っていいほど知名度が高いことに注意しておいてください。

現在の中華人民共和国も、伝統中国と同じように、「怪力乱神」を認める立場をとっていません。しかしながら、「怪力乱神を

図 5-6　金庸著、金海南訳『射雕英雄伝』徳間文庫、2005

12　武俠小説の歴史については、岡崎由美『漂泊のヒーロー——中国武俠小説への道』（大修館書店、2002）がよくまとまっています。

13　ただし翻訳では、『神鵰俠侶』が『神鵰剣俠』と変えられています。古龍（1938?-1985）については、いずれも岡崎由美訳で『辺城浪子』（小学館文庫、1999）や『多情剣客無情剣』（角川書店、2002）があります。

語らず」の立場を極限に推し進めた文化大革命の時代を見てみると、狂信的とも言えるカオスを呈しており、まさに奇奇怪怪な世界へと変貌していたことが指摘できます。中国の知識人が神秘、幻想を排除しようとするのは、その魅力とともに、何らかの危険を察知していたからかもしれません。なぜなら、われわれの見ている夜空の中では、常識では考えられない事態が、いとも簡単に起こりえるからです。

まだ見ぬ星座を求めて——廃名と星々のものがたり

　さて、最初に述べたように、廃名は、自ら「名を捨てる」ことで、「名を有する」ことになった人でした。

　中国では、このように社会を捨てる行為を、〈隠逸〉と呼びます。有名なのが、日本人にも馴染みのある陶淵明(365-427)でしょう。彼もまた、スターたちのいる世界を捨て去り、「田園詩」や「桃花源記」などのユートピアを描くことで、あるべき世界の姿を示そうとしました。[14] 廃名は、この陶淵明に習って隠逸することで、勝者たちの歴史、スターたちのものがたりに、身をもって立ち向かおうとしていたのです。

　本章で行ってきたものまた、煌めくスターの人生、誰もが知る歴史からではなく、あえてマイナーな要素から20世紀中国の歴史、文化を追うことでした。本章で紹介した「詩」、「散文」、そして「神秘と幻想の世界」は、それぞれわれわれのよく知る星座＝歴史を組み替え、まだ見ぬ星座＝歴史を紡ぐものだと思います。さまざまな星々に目を向け、誰も知らないものがたりを想像してみること。廃名とともに、夜空を見つめていると、そこに新しい星座が浮かび上がってくるのです。

　われわれもまた、廃名のように名を捨てて、まだ見ぬ星座の一員となってみるのはどうでしょうか。

---

[14] 陶淵明については、『陶淵明全集』(松枝茂夫他訳、岩波文庫、1990)が出ています。また、ユートピア思想については、川合康三『桃源郷——中国の楽園思想』(講談社選書メチエ、2013)が読みやすいでしょう。

読んでみよう・調べてみよう！

1　詩を一篇選び、構成や内容を解釈した上で発表しよう

2　エッセイを一篇選び、できれば部分訳をして、紹介してみよう

3　武侠小説を読んで、どこが面白かったのか（面白くなかったのか）、なぜそう思うか考えてみよう

第6章
戦争・恋愛・家庭を描いた女性作家たち

張愛玲

『ラスト、コーション』や『傾城の恋』、『フラワーズ・オブ・シャンハイ』などの映画の原作でも知られる、中国の女性作家と言えば、誰でしょうか。その名は、**張愛玲**（1920-95）、またの名を**アイリーン・チャン**。〈**日中戦争**〉（1937-45）真っただなかの1940年代に流行作家となり、戦時中のモダン都市に生きる若い女性たちの恋愛と結婚を書いた彼女は、今では中華圏で最も影響力を持つ作家の一人と言っても言い過ぎではないでしょう。この章ではその文学世界について、近代中国の女性作家たちを紹介しながら見ていくことにします。

図6-1　張愛玲
（出典）張愛玲『対照記――看老照相簿』皇冠出版社、1994。1955年撮影

1　張愛玲原作の映画は、『傾城之恋』（アン・ホイ監督、1984）、『フラワーズ・オブ・シャンハイ』（侯孝賢監督、1998）のほか、『赤い薔薇　白い薔薇』（スタンリー・クワン監督、1994）、『ラスト、コーション』（アン・リー監督、2007）などがあります。中国、台湾、香港では他にも数作が映画化されているほか、数多くがテレビドラマ化されています。

国際都市・上海と香港における戦争

　張愛玲は、1920 年に〈上海〉で生まれました。父方の祖父は清末の名臣と呼ばれた人物、祖母は〈日清戦争〉(1894-95) で全権大臣も務めた李鴻章(りこうしょう) (1823-1901) の娘という、名家の生まれでした。だが、1911 年の〈辛亥革命〉を経て〈中華民国〉の時代になると、張家は没落の一途(いっと)をたどります。父はアヘンを吸っては妾(めかけ)を囲うなど、ただ家産を食いつぶすだけの毎日を送り、母はそんな夫に愛想を尽かし、幼い子供を残して海外留学に旅立ってしまうのです。結局、張愛玲が 10 歳の時に両親は協議離婚します。のちに張愛玲が書く小説には、幼年時代の複雑な家庭環境に加え、父の世界に代表される寂(さび)れゆく古い中国と、洋服や英語など母の世界に象徴される西洋の対比が、色濃く反映されることになりました。

　張愛玲の生まれ育った上海は、〈アヘン戦争〉(1840-42) 後に開港して以来、英米、仏などの〈租界〉が相次いで設置され、西洋文化と近代技術輸入の先進基地として、東洋一の国際都市へと変貌していました。その文学は、様々な人種が入り混じる上海という空間で培養された極めて特殊な人間たち――「上海人とは伝統的中国人にモダンライフの高圧力をかけて磨き上げたもの」(エッセイ**やっぱり上海人**、清水賢一郎訳、藤井省三監修『浪漫都市物語　上海・香港 '40s』、JICC 出版、1991)――によって生まれたものでした。

　だが爛熟(らんじゅく)を極めた「魔都」上海も、**盧溝橋事件**(1937) で日中が全面戦争に突入したのちの 8 月に日本軍の侵攻を受け、市街地で激戦が展開されました (〈第二次上海事変〉)。[2] 張愛玲のエッセイ「囁(ささや)き」(清水賢一郎訳『浪漫都市物語』) には、これより前の〈**第一次上海事変**〉(1932) の際、砲声を避けるため母の家に滞在したことで父と喧嘩(けんか)になり、これがきっ

---

[2]　国際都市・上海の歩みについて記した本に、高橋孝助、古厩忠夫『上海史』(東方書店、1995)、榎本泰子『上海――多国籍都市の百年』(中公新書、2009)、丸山昇『国際都市上海と日中文化人』(講談社学術文庫、2004) 等があります。また、藤井省三『現代中国文化探検――四つの都市の物語』(岩波新書、1999) では、張愛玲の世界を香港、上海両都市における「文明」の崩壊という観点から紹介しています。

第 6 章　戦争・恋愛・家庭を描いた女性作家たち　張愛玲

かけで母の元で生活するようになった一件が回想されています。

　のちに張愛玲は上海のミッションスクールを卒業後、香港大学へ進学しますが、イギリスの植民地であった〈香港〉は 1941 年 12 月、〈**太平洋戦争**〉勃発の一報とともに日本軍が侵攻しました。イギリス軍の抵抗もむなしくわずか 18 日間で降伏し、その後香港は 3 年 8 か月ものあいだ日本軍政下に置かれることになります。陥落前の香港は上海などから流入した避難民で空前の景気に沸いていましたが、一転して日本軍の〈軍票〉発行による通貨緊縮や厳しい食料事情のため、暗い時代を迎えることになったのです。[3]

　当時の様子は「**香港――焼け跡の街**」（清水賢一郎訳『浪漫都市物語』）のなかで次のような言葉で描かれています。「香港戦争が私に与えた印象は、ほとんどまったくどうでも良いようなことばかりだった」。戦時中のファッションや食の話題まで、通常「歴史」の文脈で語られることの多い戦争体験を、ここではさまざまな「現実」の断片を通して語っています。なかでも強い印象を残したのは、人々が心のよりどころを探すかのように異性を求めるという現象でした。

　　防戦中の十八日間、誰もがみな明け方四時頃のやりきれないような感覚を覚えていた――寒さに身震いする夜明け、何もかもが薄ぼんやりしていて、縮みあがり、頼りない。家には帰れないし、帰ったところで、家はもうなくなっているかも知れないのだ。お金は瞬く間にただの紙きれとなるかも知れず、人は死ぬものだし、そもそも自分だって明日をも知れぬ身なのだ。（中略）人々はこれに耐えきれなくなり、あわてて何か少しでも確かなものにすがろうとし、それで結婚した。

---

[3]　手軽に読める香港史として、中嶋嶺雄『香港回帰』（中公新書、1997）、陳舜臣『香港』（文藝春秋、1997）があります。また日本軍政下時代について知りたい人は、和久田幸助『日本占領下　香港で何をしたか――証言　昭和史の断面』（岩波ブックレット、1991）、關礼雄『日本占領下の香港』（林道生訳、御茶の水書房、1995）を読んでみて下さい。

張愛玲は戦争に潜む日常にこそ「人に涙させ眼を輝かせるような一瞬」がある、と感じたのです。香港での戦争体験は、政治やイデオロギーに流されず、独自の感覚で社会や人間を切り取る、張愛玲文学の原点になったと言えます。

小説集『伝奇』と女性像

1942年春、日本軍占領下の上海に戻った張愛玲は、そこで小説を書き始めます。1943年3月に「沈香屑――第一炉香」でデビュー以来、上海の雑誌に続けざまに作品を発表し、のちに小説集『伝奇』（1944年9月）で一躍流行作家となりました。またこのころ、散文集『流言』（1944年12月）も出版しました。

図6-2　張愛玲『伝奇』（増訂本）山河図書公司、1946

『伝奇』に収められた小説を見ると、多くが同時代の香港や上海を舞台とし、そこで育った若い女性たちの結婚に焦点にあてたものです。なかでも代表作のひとつ、「傾城の恋」（池上貞子訳『傾城の恋』、平凡社、1995）は、太平洋戦争勃発前後の上海、香港を舞台とした、一風変わったラブストーリーに仕立て上げられています。

「傾城の恋」の主人公、白流蘇は、没落した上海の名家出身でしたが、離婚後、実家で肩身の狭い毎日を送っていました。そんな彼女が出逢っ

4　『伝奇』（増訂本）に収録された作品は、以下の通りです（すべて原題、うち*は、本章で紹介があるように、日本語訳があります）。「沈香屑――第一炉香」「沈香屑――第二炉香」「瑠璃瓦」「傾城之恋」*「茉莉花片」「心経」*「年青的時候」〔若い時〕*「花凋」「封鎖」*「金鎖記」*「留情」*「鴻鸞禧」「紅玫瑰与白玫瑰」（赤薔薇・白薔薇）*「等」「桂花蒸　阿小悲秋」「中国的日夜」。

5　池上貞子訳『傾城の恋』には、他に「金鎖記」「留情」の全三作が掲載されています。また、「傾城の恋」の日本語訳はほかに「戦場の恋――香港にて」（上田志津子訳、『浪漫都市物語　上海・香港 '40s』）のタイトルでも翻訳されています。

第6章　戦争・恋愛・家庭を描いた女性作家たち　張愛玲

たのは、妹の縁談相手で英国生まれの〈華僑〉、范柳原でした。香港を舞台に、再婚が目的の流蘇と、一時の遊び相手が欲しいだけの柳原との間に、恋の駆け引きが繰り広げられます。二人はとうとう月夜の美しい晩に結ばれますが、わずか一週間後、柳原はイギリスに旅立つことになります。だが旅立ちの日、香港に日本軍が侵攻し、二人は戦火のなか避難生活をするうちに、「平凡な夫婦」としての絆で結ばれるようになるのでした。

図6-3　映画『傾城の恋』DVD、キング・レコード、2004

『伝奇』に登場するヒロインたちのほとんどは、伝統的な家庭環境のなかで十分な教育を受けられず、職業にも就くことができない、古いタイプの女性たちとして描かれます。**池上貞子『張愛玲──愛と生と文学』**（東方書店、2011）では、『伝奇』増訂本の表紙から、その作品世界を現代人が中国の伝統的な家族制度に生きる人々の日常をのぞき見る、という構造を持っていることが指摘されています。

柳原から早くも捨てられる危機に直面した流蘇の窮地を救ってくれたのは、皮肉にも太平洋戦争の勃発であり、それによって彼女は結婚という願い──「傾城の恋」、つまり都市の陥落によって実った恋──を成就させたのでした。だが作品は物語結末で早くも、夫に他の女性の気配を匂わせることによって、単なるシンデレラ・ストーリーとは一線を画しています。流蘇は、真実の愛を探すロマンティックな恋愛小説の女性主人公ではなく、美しくもしぶとく再婚相手を追い求め、ほろ苦い味のする「妻」の座を手に入れるという、いわば〈**アンチ・ヒロイン**〉とも呼べる女性像になっているのです。

『伝奇』の女性主人公たちにとって、結婚は生きるための唯一の手段であり、流蘇のようにその目的とは「経済的安定」でした。「傾城の恋」

の場合、お金の問題は家族の間でも決して無視できないものとして描かれ、実の母親さえ、逼迫する環境のなかでは娘を厄介者として見ていることがわかります。もう一つの代表作、「金鎖記」では、名家・姜家の身体の不自由な三男に嫁がされた美しい町娘、七巧を主人公とし、夫の死後に譲り受けたわずかばかりの財産を守ることに必死になるあまり、娘や息子をも巻き添えにしながら身を滅ぼしていく顛末が壮絶に描かれています。

　このような母親像には、作者が幼い時期に母離れを強いられたことが何らかの影響を残していると考えられますが、むしろお決まりの母性あふれる母親像といったステレオタイプに抵抗し、女性たちを多様な姿で描くという、独自の人間観からもたらされたものだと考えられるのです。

邵迎建『伝奇文学と流言人生―― 1940年代上海・張愛玲の文学』（御茶の水書房、2002）では、「狂女」・七巧を描いた「金鎖記」を、魯迅［第4章参照］の「狂人日記」（竹内好訳『阿Q正伝・狂人日記』、岩波文庫、1981）と比較検討し、女性アイデンティティの観点から論じることで、張愛玲を魯迅と並べて高く評価しました。

　『伝奇』に収録された作品のなかで、他に日本語訳があるものとしては、日本軍の封鎖により停車する市電のなかで繰り広げられるつかの間の恋を描いた「封鎖」（清水賢一郎訳『浪漫都市物語』）や、情熱的な愛人・「赤薔薇」と、貞淑な妻・「白薔薇」という、男性に都合の良い女性観が覆される過程を描いた「赤薔薇・白薔薇」（垂水千恵訳『世界文学のフロンティア4　ノスタルジア』、岩波書店、1996）があります。また、短編小説としては、上海の男子学生と白系ロシア人女性との交流を描いた「若い時」（伊禮智香子訳、丸山昇監修『中国現代文学珠玉選』2、二玄社、2000）、実の父親に強い想いを寄せる女子学生を描いた「心経」（丸尾常喜訳、『中国現代文学珠玉選』3、二玄社、2001）などがあります。

家庭・結婚を描いた女性作家たち

　ここでちょっと視点を変え、近代中国の女性作家たちの歩みを、代表

第 6 章　戦争・恋愛・家庭を描いた女性作家たち　張愛玲

的な小説を中心に簡単に振り返ってみることにしましょう。

　古来、中国では一般的に女性に学問は不要だと考えられ、ごく一部の女性詩人などを除けば、女性が文章を書いたり、とりわけ文芸の中でも地位が低いとされた小説を書いたりすることは、全くと言っていいほどありませんでした。[6] その状況に大きな変化が現れたのが、〈五四期〉と呼ばれる 1910 年代半ばから 20 年代にかけての時期です。清末から設立

図 6-4　馮沅君
（出典）『チャイナ・ガールの 1 世紀』三元社、2009

されるようになった女学校で教育を受け、師範学校などの高等教育や、なかには海外留学まで果たした女学生たちは、女性としての様々な思いや苦しみを初めて小説という形にして発表しました。

　なかでも、二つの対照的な家庭を描いた謝冰心（しゃひょうしん）(1900-99)「二つの家庭」、お妾さんと暮らす伝統的な大家族制度を子供の視点から捉えた凌叔華（りょうしゅくか）(1900-90)「慶事（おいわいごと）」、そして下に紹介する馮沅君（ふうげんくん）(1900-74)「旅行」など、女性作家たちにとって大きなテーマとなったのが、家庭や恋愛、結婚の問題でした。[7]

6　中国における女性の歴史をわかりやすく概観したものとして、関西中国女性史研究会編『中国女性史入門 —— 女たちの今と昔』（増補改訂版、人文書院、2014）、また文学作品を題材として中国女性史を論じた、白水紀子『中国女性の 20 世紀 —— 近現代家父長制研究』（明石書店、2001）などがあります。また、写真から中国の女性たちの歩みを紹介した、李子雲、陳恵芬、成平編『チャイナ・ガールの 1 世紀 —— 女性たちの写真が語るもうひとつの中国史』（三元社、2009）もお勧めです。

7　ここで挙げた作家たちの作品は、すべて本文で挙げた『中国現代文学珠玉選』3、および丸山昇監修『中国現代文学珠玉選』1（二玄社、2000）で読むことができます。謝冰心の翻訳には他に『女のひとについて』（竹内実訳、朝日新聞社、1993）、また専論としては萩野脩二『謝冰心の研究』（朋友書店、2009）、虞萍『冰心研究 —— 女性・死・結婚』（汲古書院、2010）があります。馮沅君、張愛玲など女性作家に関する論文集としては、南雲智編著『中国現代女性作家群像 —— 人間であることを求めて』（論創社、2008）が参考になります。

男女を問わず親の決めた相手との結婚がそれまで一般的であった時代、西洋の新しい考え方に触れていた女性たちにとって、自由に恋愛をし、自ら決めた相手と結婚することこそ、まさに最高の理想でした。例えば、女子大生の「私」が、故郷にすでに妻のいる恋人と二人きりで過ごした数日間を描いた馮沅君「旅行」(佐治俊彦訳、『中国現代文学珠玉選』3)には、周囲の厳しい反対に遭いながらも貫かれる二人のプラトニックな関係が、「愛の使命」、「純潔なる愛情」などの言葉によってロマンティックに綴られています。二十年代を舞台にした〈自由恋愛〉のテーマは、のちに張愛玲の短編小説「五四遺事」(1956)のなかで、杭州の学校に通う二人の女学生、ミス周とミス范、それに若き教師の羅、郭の二組のカップルを中心に、まったく異なるタッチで描かれました。

　　小舟の上では、二人の男子と二人の女子が互いに向かい合い、淡い藍色の幌のついた平底船に座っていた。(中略)
　「ミス周、今日はやけにおしゃれですね！」男子の一人が言った。未婚の女性に「ミス」をつけて呼ぶことも、当時やはり「おしゃれ」だった。
　　ミス周は新しくしつらえた眼鏡の奥からキッと睨みつけ、相手に菱の実の殻を投げつけた。彼女がかけていたのは、丸い黒縁の、伊達眼鏡だ。近眼でもないのに眼鏡をかけていたのは、1924年と言えば眼鏡はとびきり流行の品だったから。社交界の花形も眼鏡、結婚式の花嫁も眼鏡、通りで客引きする娼婦でさえ女学生をマネて眼鏡をかける、という始末だ。[8]

　ミス范を好きになった羅は、さんざん苦労した末に親の決めた縁談で結婚した妻と離婚しますが、こともあろうにミス范と仲たがいした挙

---

[8] 「五四遺事」は未邦訳ですが、当初英語で発表されたため、英語版で読むこともできます(*"Stale Mates : A Short Story Set in the Time When Love Came to China"*、『続集(張愛玲全集13)』、皇冠文学、1988)。

第 6 章　戦争・恋愛・家庭を描いた女性作家たち　張愛玲

句、腹いせに違う女性と再婚をします。だが羅は物語の最後で、ひょんなことから前妻、妻、ミス范という三人の「妻」と一緒に暮らすことになるのです。「少なくとも自分たち一家だけで麻雀卓を囲めるじゃないか」──こんな皮肉で終わる「五四遺事」は、「恋愛が中国にもたらされた時代」の恋愛騒動を、どこかレトロで徹底してコミカルに描き出した秀作です。

　一方、先に挙げた謝冰心や凌叔華などは、裕福な家庭環境に育ち、恵まれた環境下で作家活動ができた女性たちでした。だが、同時期の女性作家のなかには丁玲（1904-86）のように、縁談を拒否して家を飛び出した後、上海で苦学しながら執筆を開始、のちに〈共産党〉に入党してからは政治と時代の波に揉まれながら作品を書き続けた作家もいました。「莎菲女士の日記」（1928）は、一人の若い女性が二人の男性との愛をめぐる内面の葛藤を綴った前期の代表作です。また「霞村にいた時」（1940）は、日中戦争中に日本兵の情婦となったある少女が、村に戻った後には村人たちから冷たい視線を受けながらも自力で新しい人生を切り開こうとするまでを描いた作品です（岡崎俊夫訳『霞村にいた時　他六篇』、岩波文庫、1956）。[9] 一方、東北の黒龍江省の農村に生まれた蕭紅（1911-42）は、〈満洲国〉（1932）成立前後の農村の現実や、自らの幼年、青春時代を回想した小説を書き、「呼蘭河の物語」（立間祥介訳、竹内好編『抗戦期文学集Ⅰ』中国現代文学選集 7、平凡社、1962）などにまとめました。[10]

アイリーン・チャンとして──新中国建国後と晩年

　日中戦争終結後、国民党と共産党の内戦を経て〈中華人民共和国〉が

---

[9] 丁玲については自伝でさらに詳しく知ることができます。中島みどり編訳『丁玲の自伝的回想』（朝日選書、1982）、および田畑佐和子訳『丁玲自伝──中国革命を生きた女性作家の回想』（東方書店、2004）。

[10] 波乱に富んだ短い人生を送った蕭紅の生涯と、その作品について知りたい人には、尾坂徳司『蕭紅伝──ある中国女流作家の挫折』（燎原書店、1983）、および平石淑子『蕭紅研究──その生涯と作品世界』（汲古書院、2008）があります。丁玲と蕭紅の作品の翻訳は、ここで挙げた他にも『中国現代文学珠玉選』1、および『中国現代文学珠玉選』3にそれぞれ「夜」「霞村にいた時」（丁玲）、「手」（蕭紅）が収録されています。

成立すると、張愛玲は大きな転換期を迎えることになります。梁京(りょうけい)というペンネームで、移り変わる時代を背景に男女と家族の関係に切り込んだ「十八春(じゅうはちしゅん)」(のちに改作後『半生縁』に改名)[11]、一人の女中の半生に焦点を当てた「小艾(しょうがい)」など、新たな時代の流れに対応すべく、それまでにない作風の小説を送り出します。だが文学を取り巻く状況は大きく変化し、汪兆銘(おうちょうめい)(1883-1944)親日政権の宣伝部次長であった、胡蘭成(こらんせい)(1906-81)との結婚と離別もあって、結局1952年に香港へ、そして1955年にはアメリカへ

図6-5 『ラスト、コーション』集英社、2007

と渡ることになりました。その間には英語名の**アイリーン・チャン**(Eileen Chang)のもとで、共産党支配下の農村を描いた英文小説「赤い恋」(柏謙作訳、生活社、1955)、「農民音楽隊」(並河亮訳、時事通信社、1956)といった作品や、1960年代前半までにかけては数多くの香港映画の脚本も手がけました。私生活ではアメリカ人劇作家との再婚と死別を経て、『紅楼夢(こうろうむ)』や『海上花列伝(かいじょうかれつでん)』などの古典作品研究の傍ら、1970年代にかけては主に台湾で作品を出版しながら、ひっそりと暮らしていたと言われています。

　その張愛玲、いまはアイリーン・チャンが1995年、ロサンゼルスのアパートで孤独死しているところを発見されたという一報が、世界中を駆け巡りました。輝かしい前半生とは対照的に、晩年は異国にて孤独な模索を続けた時代だったと言えるでしょう。その後、汪兆銘政権の役人と彼を暗殺しようとする女性スパイを描いた「**ラスト、コーション**」(原題:「色、戒」、1978)[12]が台湾出身の監督、**アン・リー**によって映画化され、

　11　方蘭訳『半生縁——上海の恋』(勉誠出版、2004)。
　12　南雲智訳『ラスト、コーション』(集英社、2007)、垂水千恵訳「色、戒」(『短編コレクションⅡ』世界文学全集Ⅲ-05、河出書房、2010)。

第 6 章　戦争・恋愛・家庭を描いた女性作家たち　張愛玲

再び大きな脚光を浴びることになりました。近年、自伝的小説「小団円(しょうだんえん)」(2009)、「雷峰塔(らいほうとう)」(2011) などが遺作として出版され、かつて作品が出版できなかった中国本土をも巻き込み、再び静かな張愛玲ブームが沸き起こっているとも言えます。今日でも多くの女性作家たちが張愛玲の作品から少なからぬ影響を受けているとされます。王安憶(おうあんおく)、衛慧(えいけい)、朱天文(しゅてんぶん)、平路(へいろ)など、中国や台湾の作家たちが張愛玲の文学世界を受け継ぎつつ、独自の感覚で世界を捉えようとする試みを見出だすこともできるでしょう。[13] 中国の女性作家たちが描き出す風景は、時代や文化を越え、わたしたちに直接訴えかける力を持つ文学世界なのです。

13　ここに挙げた女性作家による主な翻訳作品には、次のようなものがあります。王安憶著、飯塚容、宮入いずみ訳『富萍 —— 上海に生きる』(コレクション中国同時代文学 6、勉誠出版、2012)、衛慧著、桑島道夫訳『上海ベイビー』(文春文庫、2001)、朱天文著、池上貞子訳『荒人手記』(国書刊行会、2006)、平路著、池上貞子訳『天の涯までも —— 小説・宋慶齢と孫文』(風濤社、2003)。

読んでみよう・調べてみよう！

1　張愛玲や他の女性作家たちの作品を読み、当時の時代背景を考えながら、女性たちを取り巻く環境などについて論じてみよう

2　「ラスト、コーション」、「傾城の恋」など中国人女性を主人公とした映画を鑑賞し、そのヒロイン像について考えてみよう

3　張愛玲はどのように「戦争」を描き、そしてそのような捉え方はいかにして生まれたのだろうか。戦時中の小説や、日中戦争に関する記録を参照しながら、比較検討してみよう

第7章 激動の時代を生きた美しい男

梅蘭芳

男が演じる「うつくしい人」

みなさんは歌舞伎の坂東玉三郎や、その名にちなみ大衆演劇の世界で「下町の玉三郎」と呼ばれた梅沢富美男の〈女形〉の姿を見たことがあるでしょうか。舞台にたたずむ美人が「男が演じる女」であることを頭では分かってはいても、たおやかなしぐさ、なまめかしい表情には思わず見とれてしまいます。

この女形文化は世界中の演劇に見られたものですが、少女から老婆まで、幅広い年齢層の女性に扮する役柄を中国伝統演劇では〈旦〉と呼び、歌舞伎と同様、長いあいだ男性俳優によって演じられてきました。中でも、生まれつきの美貌とすぐれた演技によって、二十世紀最高、いや、中国演劇史上最高の旦としてたたえられているのが、**梅蘭芳**(1894-1961)です。

図7-1 梅蘭芳『生死恨』(韓玉娘役)

---

1 中国伝統演劇における役柄や演技などにおけるさまざまな約束事については、趙暁群、向田和弘『京劇鑑賞完全マニュアル』(好文出版、1998)、魯大鳴『京劇役者が語る京劇入門』(駿河台出版社、2012)といった解説書が出版されています。

女形の一族——梅家の芸

　梅蘭芳は中国を代表する伝統演劇〈京劇〉を代々演じる家に生まれました。祖父の**梅巧玲**（1842-82）は「同光十三絶」〔清朝の同治帝・光緒帝時代に活躍した十三人の名優〕の一人で、やはり旦の俳優でした。梅巧玲の次男で、梅蘭芳の父である**梅竹芬**（1872-98）も旦として舞台に立ちましたが、残念ながら若くして亡くなりました。梅蘭芳を養ったのは、梅巧玲の長男、つまり梅蘭芳の伯父にあたる**梅雨田**（1869-1914）でした。梅雨田は楽隊の主旋律を奏でる胡弓の奏者として、多くの名優に重宝されましたが、生活は決して豊かではありませんでした。

　梅蘭芳の幼少期は、対外的には〈日清戦争〉（1894-95）をはじめとする諸外国との戦争、内政では**康有為**・**梁啓超**らの改革派と**西太后**（1835-1908）らの保守派との対立が引き起こした〈戊戌政変〉（1898）や、内乱に始まり外国の侵攻を招いた〈義和団事件〉（1900）など、中国の歴代王朝が滅亡する前夜の例に漏れず、国家は大混乱に陥っていました。そのような状況を尻目に、大の芝居好きだった西太后が京劇を保護し、名優たちを宮廷に召し抱えたのみならず、民間でも大小さまざまな劇場で連日連夜上演されたため、娯楽としての京劇は最盛期を迎えました。今はほとんど見られませんが、当時の公演は昼の部〔日戯〕と夜の部〔夜戯〕の二部制になっており、毎日夜遅くまで多くの観客でたいへん賑わっていたのです。

　梅蘭芳は八歳から正式な俳優修業を始めます。当時は〈**科班**〉という俳優養成機関に進む道もありましたが、**陳凱歌**（1952-）監督の映画『**さらば、わが愛／覇王別姫**』（中国・香港合作、1993）にも描かれているように、中には劣悪な環境の中で子供たちを心身ともに虐待するような組織もありました。そういったことへの不安もあり、梨園の家に育った梅蘭芳は、

2　京劇をはじめとする中国伝統演劇は、歌唱・セリフ・しぐさ・立ち回りからなる総合舞台芸術です。クライマックスシーンでは歌唱が用いられますが、それ以外の場面でも、バックで楽隊による伴奏が行われています。

3　『さらば、わが愛／覇王別姫』では、主人公・程蝶衣が、娼婦の母親によってなかば売られるように科班へ入り、教師の肉体的暴力を受けるシーンが描かれます。一方で、

第 7 章　激動の時代を生きた美しい男　梅蘭芳

伯父のつてで個人レッスンを受けることにしました。訓練は歌唱の練習から始まりましたが、不器用な梅蘭芳は何時間経っても最初の四句が歌えず、先生に「芝居の神様はおまえを芝居で食えるようにはしてくれないみたいだな」と見限られてしまいました。しかし幸いに、次に教わった先生が毎日早朝から根気よく指導してくれたため、梅蘭芳は修行を続けることができ、若くして三十あまりの演目を覚えるに至りました。

　初舞台は十一歳、『長生殿』〔唐朝の玄宗皇帝と楊貴妃との恋物語〕の一場面で織女〔織り姫〕を演じました。また十四歳で喜連成という〈北京〉でもっとも格式の高い科班へ入り、訓練を受けながら舞台上での実践を積み重ねていきます。幼い頃は演技、容貌ともにさえなかった梅蘭芳ですが、年齢とともに美しさを増し、男女を問わず多くのファンがつくようになりました。誰もが、抑えようとしてもにじみ出すその上品な色気に陶酔したのです。

悠久の古都からまばゆきメトロポリスへ——梅蘭芳の上海公演

　梅蘭芳の名声は北京だけにとどまりませんでした。〈清朝〉末期から〈中華民国〉初期にかけて、たいへんな勢いで発行部数を増やしていた新聞や雑誌での紹介記事を通じて、その名はすでに全国に知られ始めていたのです。中でも、〈アヘン戦争〉敗戦時に結ばれた〈南京条約〉(1842)により開港された新興都市・〈上海〉では、北京に負けないほど盛んに演劇が行われていましたが、地元の役者たちよりも北京の演劇界に関する記事の方が多く書かれ、また読者にも歓迎されるというありさまで、上海の芝居好きはみな梅蘭芳が上海へやって来る日を待ち望んでいました。当時、上海で最大の発行部数を誇っていた『申報』[4]では、梅蘭芳の

　師匠と弟子たちの厳しくも暖かな交流を描くアレックス・ロウ監督『七小福』（香港、1988）のような映画もあります。後に香港アクションスターとなるジャッキー・チェン、サモ・ハン・キンポーの京劇学校時代が描かれていることにも注目です。

　4　近代中国を代表する日刊の大新聞で、イギリス人によって上海で創刊されました。1872 年（同治 11 年）4 月 30 日創刊、戦時中に一時停刊を経験しましたが、1949 年 5 月 27 日廃刊まで七十七年間も発行されました。日本では、大学図書館の中に現物やリプリ

上海公演が決定すると関連記事が掲載され、実際に公演が始まってからは広いスペースに大きな文字でその名が書かれた劇場の広告が、連日紙面を賑わしたものです。梅蘭芳が初めて上海公演を行った1913年にも「旦の梅蘭芳は、都でも一流の人物と目されています。容姿も芸もすぐれており、早くからその名は都にとどろいています。」(『申報』1913年10月28日) という記事が残されています。

図 7-2　梅蘭芳　『覇王別姫』(虞姫役。楊小楼との共演時)

なお「京劇」の「京」は、当然「北京」の「京」を指し、実際に北京を中心に上演されていましたが、清朝の同治年間〔19世紀半ば〕に一部の役者が上海に定着したことをきっかけに、上海でも「京劇」が上演されていたのです。上海の京劇は〈**海派京劇**〉[5]と呼ばれています。中国の伝統劇は、京劇に限らず基本的にみなオペラ形式で、歌唱、つまり「聴覚」を演技で最も重視してきました。ところが、上海では早くから西洋演劇の影響を受け、そこに「新しいもの、奇抜なもの」を好む上海人の気質も加わって、観客ウケするように大がかりできらびやかなセットや、魔術のようなカラクリが導入され、次第に「視覚」を重視するようになったのです。上海京劇の役者たちも、観客のニーズに合わせるため、競って視覚に訴える舞台作りを行ってきました。

好奇心に富んだ若き梅蘭芳は、公演の合間にこうした上海京劇の舞台を積極的に観に行きました。そこで彼の目を引いたのは、自分と同じ旦

ントを所蔵している所があり、当時の舞台広告や劇評が演劇研究の貴重な資料として重宝されています。

　5　海派京劇については、藤野真子『上海の京劇――メディアと改革』(中国文庫、2015) に、主要な俳優や劇評に関する論考がまとめられています。

第7章　激動の時代を生きた美しい男　梅蘭芳

役者たちの化粧や舞台衣装だったのです。梅蘭芳の口述回顧録『**舞台生活四十年**』[6]では、当時のことが以下のように述べられています。

> 上海の旦たちの化粧には、私たちとは違う点があります。彼らの方がいくぶん美的にすぐれていると思ったところを、二点挙げてみます。
>
> ①アイライン：それまで私たち北方の旦役者はアイラインをあまり重視していませんでした。簡単にサッと描いておしまいだったのです。私が見た上海の旦役者の何人かは、みな黒々とアイラインを描いていて、目元の見栄えも良く、生き生きして見えました。
>
> ②付け髪：ずっと以前から、北方の旦役者は今よりずっと額の上の方に付け髪を付けていたのですが、それは今の物より幅も広く、だいたい顔が四角く見えるように貼り付けられていました。私には上海の旦の付け方の方が見栄えが良いように思えたのです。
>
> （一部ダイジェスト）

京劇の世界では「伝統の北京、改革の上海」と見なされていますが、実は今、スタンダードとなっている衣装や化粧、髪型などの中には、梅蘭芳が上海で影響を受け、北京に帰ってから改良したものが基になっているケースもあるのです。悠久の歴史を持ち、伝統を重視する北京に育ちながら、良いと思ったものは積極的に採り入れる梅蘭芳の先進性がよく伝わるエピソードです。

美の頂点を目指して──梅蘭芳とブレイン集団

上海での公演は大成功し、梅蘭芳の名声は中国の南北に響き渡ることになりました。ますますファンの支持を堅固にした梅蘭芳は、新聞や雑誌の記事で紹介されるのみならず、写真の発達にともない雑誌のグラビ

---

[6] 許姫伝が梅蘭芳に聞き取る形式で文章化され、1955年に第一集が出たのち、第三集まで刊行されました。現在は中国戯劇出版社の1980年版を基に再版が続けられています。

アページや広告などに頻繁(ひんぱん)に登場するようになり、さらには京劇の歌を吹き込んだレコードが発売されるなど、「文化的アイコン」としての役割を担うようになりました。こうした現象は、中華民国期のメディアが多種多様な形で発展していったことと深い関連性があります。[7]

　また、本業の京劇の方でも、上演をとおして独自の歌唱方法や表現方法を究(きわ)めていき、口うるさい玄人筋(くろうとすじ)にも認められるようになります。

　そんな梅蘭芳の周囲には、京劇を愛好する多くの人々がいろいろな思惑を持って集まり、やがて「チーム梅蘭芳」とも言うべきブレイン集団が生まれます。リーダーは京劇に造詣(ぞうけい)の深い**斉如山**(せいじょさん)(1875-1962)。彼らは京劇界に現れた絶世の才能をより高い頂きへ導こうと、衣装や化粧といった扮装(ふんそう)、脚本の創作や整理、ひいては宣伝まで、さまざまな点でのプロデュースを試みました。たとえば、梅蘭芳の代表演目『**覇王別姫**』は、楚の**項羽**(こうう)と漢の**劉邦**(りゅうほう)との最後の戦いを描いた劇ですが、項羽の愛人・**虞姫**(ぐき)〔虞美人(ぐびじん)〕の視点から物語を描き直し、梅蘭芳に演じさせたのです。[8]梅蘭芳は、敵軍に追い詰められた虞姫が死を覚悟するまでの焦り、不安、絶望、あきらめといった感情を表情豊かに演じました。この劇には項羽を慰めるために虞姫が剣舞を踊る有名な場面がありますが、こうした身体的表現の積極的な導入と洗練もまた、梅蘭芳とブレインたちによる改革の一つでした。

　また、古典的な衣装で演じる〈**古装戯**〉(こそうぎ)だけではなく、現代的な衣装で演じる〈**時装戯**〉(じそうぎ)『**一縷麻**』(いちるま)を制作、〈**家父長制**〉(かふちょうせい)に人生を支配された女性の悲劇を描き、保守的とされる北京の観客にもインパクトを与えました。

　7　中華民国期の出版メディアと俳優との関係をテーマとした論考として、松浦恆雄「中国現代都市演劇における特刊の役割——民国初年の特刊を中心に」(『野草』第85号、中国文芸研究会、2010年2月)があります。「特刊」とはある役者をフィーチャーし、写真、劇評、紹介記事などを編集して刊行した冊子を指します。
　8　もともと『楚漢争』(そかんそう)という名前で、項羽の見せ場の方が多い演目でした。現在の京劇では、虞姫が戦に負けた項羽を陣中に迎えてから「四面楚歌」(しめんそか)の場面を経て、剣舞ののち剣で自害するまでが独立して演じられます。

第7章　激動の時代を生きた美しい男　梅蘭芳

　こうして彼をプロデュースするブレインたちとの共同作業のもと、多彩な作品を世に問うた梅蘭芳独自の演技は、一つの流派として〈梅派〉と称されています。梅蘭芳と同時代の有名な旦には、他に程硯秋（1904-58）、尚小雲（1900-76）、荀慧生（1900-68）がおり、同じように自身の演技を洗練していきましたが、彼らは梅蘭芳とともに〈四大名旦〉と称されています。[9] その中でも梅蘭芳の影響力は現在に至るまでもっとも強いものといえるでしょう。なお、梅派の演技は、色気が抑制的で、歌唱方法は素直で装飾が少ないことが特徴とされています。その分ごまかしが効かず、後継者を目指す人が多い割に、これまで大きな成功を収めた俳優は少ないと言われています。

「女形」と女性立役との恋物語

　梅蘭芳は生涯に三人の妻を娶っています。いずれも京劇関係者ですが、中でも同じ京劇役者であった孟小冬（1908-77）との関係は世間にセンセーションを巻き起こしました。というのも、孟小冬は梅蘭芳とは反対に、女性の身で男性役である〈生〉、中でも中高年の男性に扮する立役〈老生〉を専門とする女優だったからです。しかも、多くの男性俳優が舞台でしのぎを削る京劇界にあって、観客にも人気があり、その演技や歌唱の技術は高く評価されていました。華奢で可憐な素顔を持つ孟小冬でしたが、舞台衣装をまとった姿

図7-3　梅蘭芳（後）と孟小冬（前）

9　藤野真子「京劇の役者と役柄」（『月刊しにか』1999年3月号）では、四大名旦の演技的特徴をコンパクトにまとめています。

は実に堂々としていて、評論家に「歌声や演技にまったく女性の気配が感じられない」とまで言わしめたほどです。

さて、中華民国期では有力な男性が複数の夫人や妾を抱えることはよく行われていて、当時正式の夫人がいた梅蘭芳と孟小冬との関係も、倫理的な意味では問題視されませんでした。しかし、〈一夫一婦制〉が普及した〈中華人民共和国〉では、「最高の名優」梅蘭芳と孟小冬との恋物語がおおっぴらに語られることは、梅蘭芳が亡くなった後も長らくありませんでした。そののち、二十一世紀に入る頃から、中国でもこのエピソードは少しずつ解禁され、とうとう 2008 年、陳凱歌監督の映画『**梅蘭芳／花の生涯**』で二人の恋愛模様が描かれるに至ります。

こうなると、舞台上での二人の共演の様子に興味をかきたてられますが、当時の多くの一般女性と同じように、梅蘭芳に（内縁関係ながら）妻として迎えられた孟小冬は、舞台から身を引いてしまいます。それなのに、正夫人とのトラブルや、梅蘭芳自身との気持ちのすれ違いもあり、孟小冬と梅蘭芳という世もうらやむ〈才子佳人〉のカップルは、五年足らずで破局してしまいます。

なお、映画では、梅蘭芳と別れたあとの孟小冬がどうなったかまでは描かれません。実際は、いったん舞台に復帰したのち、有名な上海マフィアのボス・杜月笙（1888-1951）[10]の第五夫人となり、舞台からは完全に引退しました。後半生は香港で杜を看取ったあと台湾へ移り、後進を指導して過ごしたとされます。

海外への飛翔と日本人の熱狂

梅蘭芳は 1919 年から何度も海外公演を行いました。実は、京劇の海外公演は梅蘭芳に始まるのですが、その中には 1919 年（大正 8 年）、1924 年（大正 13 年）、そして戦後の 1956 年（昭和 31 年）の三度の日本公

---

[10] 杜月笙は上海の演劇界にも大きな影響を持ちました。中華民国期の上海に関するさまざまな書籍や映画でその名を見ることができますが、中でも、チョウ・ユンファの出世作となった 1980 年代の TV ドラマ『上海灘』が有名です。

演が含まれます。なお、最後の日本公演は、日中国交回復前のことで、時の首相・周恩来（しゅうおんらい）の指示によると言われています。

　日本公演に赴（おもむ）いた梅蘭芳は、当時の日本人から熱狂的な歓迎を受けました。新聞は連日その動向を報道し、梅蘭芳の公演に前後して**村田烏江（むらたうこう）**『**支那劇と梅蘭芳（しなげきとめいらんふぁん）**』（玄文社、1919）、**大島友尚編輯**『**品梅記（ひんばいき）**』（京都彙文堂、1919）といった関連書籍も出版されました。なお、日本人の中には、現地に長期にわたって滞在し、京劇に造詣（ぞうけい）が深い人物もいました。北京で『**順天時報（じゅんてんじほう）**』（1901-30）という新聞に大量の劇評や俳優論を執筆した**辻聴花（つじちょうか）**（1868-1931）、専門的な視点から同時代の京劇俳優の特徴や活動を紹介する『**支那劇と其名優（そのめいゆう）**』（新作社、1925）を執筆した**波多野乾一（けんいち）**（1890-1963）などの名前がよく知られています。彼らの豊富な知識には中国の専門家も一目置いており、現在でも当時の京劇界を扱った論考に引用されることがあるほどです。

　扮装の美しさ、芸の素晴らしさは当然のことながら、こうした人々が京劇の紹介に尽力したこともあり、日本における梅蘭芳の公演は成功を収め、その知名度は大変高いものになったのです。

"中国人"としてのプライド——日中戦争期の梅蘭芳

　しかし、梅蘭芳の二回目の日本公演（1924）から何年も経たないうちに、戦争の暗い影が日中関係を覆い始めました。1931年、いわゆる〈満洲事変〉が発生し、中国東北地区に〈満洲国〉が建国されます。梅蘭芳は「満州国」に近い北京から上海へ居を移し、日本への抵抗の意思を示すべく、『**抗金兵（こうきんぺい）**』『**生死恨（せいしこん）**』といった、歴史に取材し侵略者への抵抗を描いた作品を上演します。

　しかし状況はさらに悪化し、1937年の〈盧溝橋事件〉ののち、とうとう上海のほとんどの地域が日本軍に占領されてしまいます。さらに南へと〈香港〉へ逃げた梅蘭芳ですが、ここも日本軍の手に落ちます。

　先の公演により日本での知名度が極めて高かったこともあり、梅蘭芳は香港に進駐していた日本軍人から公演を要請されます。しかし、梅蘭

芳は「私は年をとり声も衰えたので、舞台には立たないことにしています」と言って依頼を拒否し、挙げ句の果てに女形の扮装ができないよう、鬚を生やしたと言われます〔詳細には諸説あります〕。静かな、しかし強い意志による抵抗として、中国でも有名な〈抗日〉エピソードです。

「解放」を迎えて──中国に残った梅蘭芳

1945年8月、日本が降伏することで〈第二次世界大戦〉は終結しましたが、中国では〈国民党〉と〈共産党〉による内戦が起こり、最終的に1949年10月、共産党の主席である

図7-4　髭をはやした梅蘭芳。日中戦争期のもの。戦争終結後に剃っている。

毛沢東〔第2章参照〕により、中華人民共和国の成立が宣言されます。中国では共産党による政権樹立に際して、中国が〈解放〉されたという表現をよく用います。

　伝統演劇の俳優の中には、共産党政権下の中国に留まることを躊躇する人もいました。実際、人気俳優を取り巻く人脈の中には共産党政権にとって有害な人物もおり、彼らとの関係を暴露されることへの不安があったのです。何より京劇の娯楽性や、上演演目に描かれる道徳・国家観などの思想性について、共産党がどのような評価を下すか分かりませんでした。

　しかし、梅蘭芳は上海で「解放」を迎え、すぐに共産党要人の求めに応じて上演活動を行いました。社会主義とは相容れない伝統的な価値観の代表的な存在である梅蘭芳が、共産党政権により身分を保障されたことで、安堵した俳優も多かったのではないでしょうか。

第 7 章　激動の時代を生きた美しい男　梅蘭芳

　さて、共産党政権が発足し政権運営が安定し始めると、大衆にもっとも影響力を持つ映画や演劇に改革のメスが入れられます。伝統演劇に関しては、皇帝や貴族のような「封建的」支配階層を賛美したり、暴力的・エロティックであったり、迷信や霊魂など非科学的なものが描かれていたりする演目が多くありましたが、共産党の文芸政策により大幅な改編を要求されたり、場合によっては上演禁止になったりもしました。一方、人民が主人公である「新しい中国」を称揚（しょうよう）するため、現代もの、革命ものの演目を制作・上演することが奨励（しょうれい）されました。これには、多くの伝統演劇関係者が困惑しました。梅蘭芳をはじめ、中華民国時代に現代ものの上演を経験した俳優も多くいましたが、軍人や労働者を主人公とする劇は、明らかにこれまでとは異質のものだったからです。当然、劇の内容と深く関わる演技にも大きな影響が生じることになります。映画『さらば、わが愛／覇王別姫』にも、主人公の程蝶衣（ていちょうい）が、演劇改革を熱く語る若い俳優たちのディスカッションについていけず、革命ものの劇に否定的な発言をしたうえ、「伝統的な京劇の美とは何か」を口にして場をしらけさせる場面が描かれています。実際、これは中国国内のさまざまな劇団で見られた風景かもしれません。では梅蘭芳はこうした状況をどのように受け止めたのでしょうか？

　実のところ、彼は最後まで〈プロパガンダ〉性を帯びた現代ものや革命ものの劇を演じることはありませんでした。京劇の伝統と改革とのせめぎ合いについて、梅蘭芳は「移歩不換形」〔「歩を移しても形は変えず」〕という言葉を残しています。京劇の改革は否定しないものの、政治的要求に応じたドラスティックな変化をやんわりと拒否したのです。

　この見解は共産党の文芸政策とは矛盾するもので、物議をかもしましたが、梅蘭芳は京劇界のトップの位置から失脚することはありませんでした。「あの」梅蘭芳だから許された、という側面もあるかもしれません。[11]

11　以上、より詳しく梅蘭芳のエピソードを知りたい場合は、加藤徹『梅蘭芳——世界を虜にした男』（ビジネス社、2009）が参考になります。

栄光に包まれて――文化大革命に"間に合った"梅蘭芳の死

　映画『さらば、わが愛／覇王別姫』では、主人公の程蝶衣が 1966 年に〈文化大革命〉を迎え、仲間の京劇俳優たちとともに広場で〈紅衛兵〉につるし上げられる場面があります。中華人民共和国建国前からすでに共産党の政策として実行されてきた、古い伝統的な文化は「革命」に不要なものだとして否定する考え方が、文化大革命期では極端なほど徹底されたのです。その結果、京劇をはじめとする中国伝統演劇の俳優たちはさまざまな迫害を受けました。激しい拷問や長期にわたる投獄のため、命を落としたり、運良く生き残ったとしても二度と舞台に立てない体にされたりと、数え切れないほどの悲劇が起こったのです。

　さて、梅蘭芳は文化大革命開始前の 1961 年に病気で亡くなっています。享年 68 歳。寿命というにはほんの少し早い死は、大変な驚きと悲しみを中国や海外のファンにもたらしました。しかし、「少し」早かったために、梅蘭芳は辱めを受けることなく、栄光に包まれたまま最期の時を迎えることができたとも言えるでしょう。梅蘭芳と同世代の俳優の中には、生き長らえたがために、上海の**周信芳**（1895-1975）のように迫害を受け、屈辱にまみれて死を迎えた人も多数いたのです。[12]

　十年間、嵐のように吹き荒れ、俳優たちの人生をもてあそんだ文化大革命が 1976 年に終結したのち、禁止されていた劇の上演が解禁され、京劇はまた以前と同じような形で上演されるようになりました。梅蘭芳に対する高い評価も健在で、生誕や逝去から切りの良い年には記念公演や学術的なシンポジウムが行われています。また、何よりも重要なのは、今に至るまで、梅蘭芳が心血をそそいで築きあげた流派〈**梅派**〉を継承する俳優たちが多数活躍していることです。現在は多くの俳優が自身の性別と同じ役柄を専攻するため、「旦」は女優が担当していますが、彼

---

[12] 政治に翻弄された俳優たちの人生については、加藤徹『京劇――「政治の国」の俳優群像』（中央公論新社、2002）で詳しく説明されています。また、京劇の名優たち八名の中華民国から文化大革命後までを語った伝記として、章詒和著、平林宣和他翻訳『京劇俳優の二十世紀』（青弓社、2010）があります。

女たちの誰もがみな梅蘭芳が生み出し洗練してきた「美」を追究し、その高みを目指して舞台に立っているのです。

読んでみよう・調べてみよう！

1　世界の演劇で女形はどのように演じられ、観客にどのように受け入れられてきたか調べてみよう

2　演劇や映画が政治に「利用」された事例について調べ、それが大衆にどのような影響をもたらしたか調べてみよう

第8章

国家と歴史のはざまから

李香蘭

「両端を踏む」こと

「父は両端を踏ゆへに後程の吉凶はかりがたき身のうへなり」〔私は中国と日本の両方に足をかけたがために、将来の運命をも知れぬ身の上となってしまった〕

　この言葉は、江戸時代の読本作家・都賀庭鐘が、明和三年（1766）刊行の短篇小説集『繁野話』第六篇「素卿官人二子を唐土に携る話」の中で、主人公の朱素卿に語らせたものです。中国からやって来て足利幕府に仕えた彼は、後に明の朝廷への使者に随行してふたたび中国の地を踏みますが、その際に日本の使者が起こしたトラブルに巻き込まれてしまいます。その結果、ひとり中国人であった彼のみが明の基本刑法典である大明律に基づいて裁かれ、処刑されたのでした。中国にこどもたちを残しながら、足利幕府にも二心なきことを示さねばならなかった素卿は、それでも中国人として死んでゆくことになります。素卿は実在の人物がモデルとなっていますが、庭鐘はその最期を「両端を踏んだ」がゆえの悲劇として作品化しました。

　このように、〈海禁政策〉のしかれた江戸時代、二つの国に帰属するということは悲劇として捉えられていました。たとえば、西川如見による享保五年（1720）成立の『長崎夜話草』（1741）には、お春という女性が記したとされる「じゃがたら文」が収められています。寛永十六年（1639）、西洋人と日本人との間に生まれたこどもたちが、長崎からジャ

1　語注が附されて気軽に手に取ることのできるテキストとしては、徳田武・横山邦治校注『新 日本古典文学大系80　繁野話　曲亭伝奇花釵児　催馬楽奇談　鳥辺山調綾』（岩波書店、1992）に収められています。

ガタラ〔現在のインドネシア・ジャカルタ〕に追放されるという出来事がありました。14歳で流されたお春が、望郷の念にたえかね、日本へと書き送り続けた手紙が「じゃがたら文」というわけです。故国を逐われた哀れな少女の物語は人々の心を打ち、昭和に入ってなお「長崎物語」[2]の詞として歌い継がれました。しかし、現在ではこれは西川如見の創作であったと見なされており、ジャカルタでのお春の暮らしはむしろ豊かで幸福なものだったとも見られています。[3]

図 8-1　李香蘭としてデビューした当時

それでは、近代以降、故国を去ること、あるいは二つの国を祖国とすることは、どのように見られてきたのでしょう？　本章では、**李香蘭**（りこうらん／リー・シャンラン、1920-2014）の芸名で銀幕のスター・歌手として名声を博した女性が、幾つもの名前をどう生きてきたかをたどりながら、東アジアの現代史に即して「両端を踏む」ことの意味の変遷を考えてみましょう。

李香蘭と呼ばれて

2014年9月、彼女の逝去を伝える記事には、李香蘭と**山口淑子**の二つの名前が記されていました。さらには本名の**大鷹淑子**、北京で女学校に通っていた際に名乗った**潘淑華**、アメリカで活動した際の芸名**シャー**

---

[2] 佐々木俊一作曲・梅木三郎作詞・由利あけみ歌「長崎物語」(1939)。「阿蘭陀屋敷に雨が降る／濡れて泣いてる　じゃがたらお春」「平戸離れて　幾百里／つづる文さえつくものを／なぜに帰らぬ　じゃがたらお春……」といった詞がみられます。

[3] お春についての調査は、白石広子『じゃがたらお春の消息』（勉誠出版、2001）などの書籍で読むことができます。

第 8 章　国家と歴史のはざまから　李香蘭

リー・ヤマグチ、イサム・ノグチの妻としての**ヨシコ・ノグチ**、これにパレスチナ取材時にもらったアラブ名**ジャミーラ**をも加えれば、彼女の名は全部で七つとなります。これらの名前をたどりながら、自伝に沿って彼女の人生を追いかけてみましょう。山口淑子の自伝には、『**李香蘭　私の半生**』(新潮文庫、1990、藤原作弥との共著)、『**戦争と平和と歌――李香蘭心の道**』(東京新聞出版局、1993)、『**李香蘭を生きて　私の履歴書**』(日本経済新聞社、2004) の三作があります。[4]

図 8-2　自伝『李香蘭　私の半生』

淑子は1920年に中国の〈奉天〉〔現在の遼寧省瀋陽〕に生まれました。1931年の〈満洲事変〉勃発後、1932年には関東軍が〈満洲国〉建国を宣言します。ちょうど淑子がクラシック歌曲を習い始めた頃でした。翌1933年、満洲国が承認されなかったことを受け、日本は〈国際連盟〉を脱退します。その同じ年に、淑子は李香蘭の芸名で奉天放送局から歌手デビューするのでした。李香蘭という名前は、父の親友で淑子の義理の父となった瀋陽銀行総裁、〈軍閥〉出身の李際春より名づけられたものです。

翌1934年、〈北京〉に留学した淑子は、父の友人で後に天津特別区長を務めた潘毓桂の家に預けられ、その家の娘と同じ「華」の一字を取り、潘淑華と名乗ってミッションスクール、翊教女学校に通うようになります。〈抗日〉の気風が強かった北京の中国人学校で、淑子は日本人とさとられぬよう、中国語はもちろんのこと、中国人の若い娘とそっくりな振る舞いを身につけました。1935年12月には北京の学生たちが国共

4　山口淑子の著書には自伝のほかに、『誰も書かなかったアラブ――"ゲリラの民"の詩と真実』(サンケイ新聞社出版局、1974)、『中国に強くなる本――挨拶から食事まで9億人の隣人と仲よくする法』(かんき出版、1979)、『次代に伝えたいこと――歴史の語り部李香蘭の半生』(天理教道友社、1997) があります。

内戦停止と一致抗日を訴える〈一二・九運動〉を起こし、淑子も抗日デモに誘われることがあったそうです。理由をつけて断っていた彼女ですが、1936年のある日、友人に誘われてパーティーのつもりで出かけたところ、抗議集会に参加することになってしまいます。日本軍が北京に攻めてきたらどうするか、と問われた彼女の口をついて出たのは、「北京の城壁の上に立ちます」との言葉でした。[5]城壁を挟んで対峙する日本軍か中国軍か、どちらかの銃弾を受けて最初に死ぬという覚悟だったのです。

川島芳子との出会い

1937年、〈天津〉で夏休みを過ごした淑子は、「男装の麗人」とうたわれた川島芳子（1907-48）[6]と知り合います。〈清朝〉の王家、粛親王善耆の第十四王女、愛新覚羅顕㺭として生まれた彼女もまた、三つの名前を生きた女性でした。粛親王の友人であった川島浪速（1866-1949）の養女となり、川島芳子と名づけられて長野県の松本で育てられます。清朝の復興を志した彼女は、〈満蒙〉〔満洲と内蒙古〕に独立国を作って日本の保護国としようとする日本軍との関係を深めてゆくことになりました。1932年、上海で日本人僧侶が襲撃

図8-3　男装の川島芳子

5　山口淑子・藤原作弥『李香蘭　私の半生』（新潮文庫、1990、80頁）。

6　彼女の伝記には、上坂冬子『男装の麗人・川島芳子伝』（文春文庫、1987）、寺尾紗帆『評伝 川島芳子──男装のエトランゼ』（文春新書、2008）などが挙げられます。また、芳子の妹にあたる愛新覚羅顕琦の自伝『清朝の王女に生れて──日中のはざまで』（中公文庫、2002）には、日本の敗戦から国民党時代を経て、毛沢東時代に15年間の獄中生活を送り、農場での労働の末にようやく名誉回復され北京に戻るまでが克明に記されています。

第 8 章　国家と歴史のはざまから　李香蘭

される事件が起こり、〈第一次上海事変〉のきっかけとなりましたが、その陰には日本の特務機関の命を受けた芳子の暗躍があったのだとされています。「東洋のマタ・ハリ」とも呼ばれた彼女は、満洲国安国軍指令として金壁輝(きんへきき)を名乗り、1933 年には熱河省(ねっか)・河北省に対する日本軍の軍事侵攻〈熱河作戦〉に従軍するなどして盛名(せいめい)を馳(は)せましたが、淑子と知り合った頃はすでに軍から退けられ、享楽的な日々を送っていました。芳子は戦後、〈漢奸(かんかん)〉すなわち〈漢民族〉の裏切り者との嫌疑をかけられ、1948 年 3 月に北京で銃殺刑に処されます。淑子は後に当時の裁判記録を探し、『李香蘭を生きて　私の履歴書』の巻末に付しています。芳子は日本人の養女としては戸籍に入っていなかったうえ、そもそも中国の国籍法では、父が中国籍であれば子は他の国籍を取得したとしてもやはり中国人と見なされたのでした。日中を行き来し、〈満洲族〉の王朝を復興しようとした彼女が漢奸として処刑されるとは、皮肉な運命でした。

映画スターへの道

　1938 年、淑子に転機が訪れます。〈日中戦争〉が始まり、二つの国の間で葛藤していた彼女に、満洲娘を演じられる女優を探していた〈満州映画協会〉〔満映〕が目をつけました。スカウトされた彼女は〈新京(しんきょう)〉〔満洲国の首都、現在の吉林(きつりん)省長春(しょうちょうしゅん)〕へ赴き、日本映画『のぞかれた花嫁』(大谷俊夫監督、1935) の中国語リメイク『蜜月快車(みつげつかいしゃ)』(上野真嗣監督) で銀幕にデビューすることになります。18 歳でした。その後、満映と

図 8-4　『蜜月快車』より

7　熱河省は旧省名で、現在の河北(かほく)省北東部、遼寧省南西部、内モンゴル自治区東部にまたがる地域です。

東宝の提携による久米正雄(くめまさお)(1891-1952)原作の映画『白蘭の歌(びゃくらんのうた)』(渡辺邦男監督、1939)で長谷川一夫(1908-84)と共演したことで人気に火がつきました。続いて出演した『支那の夜(しなのよる)』(伏水 修監督、1940)、『熱砂の誓い』(渡辺邦男監督、同)が彼女の人気を不動のものにします。しかし、日本を強い男に、中国を従順な女に重ねて描き出し、日本が中国を守ってやるというメッセージを忍び込ませたこうした作品に出演したことで、淑子は後々まで後悔し続けることになりました。中でも、『支那の夜』で演じた中国人少女は、日本の男に平手打ちされて彼の真心に気づき、愛を捧げるようになるという役柄でした。「頬を殴られたうえに抗日意識を捨て、日本人の愛を受け入れるというのは、中国人にとって堪え難い、二重の侮辱」だったといい、後年これらの作品を見てから「私の愚かさ、無知が口惜しくて涙が止まらず、三日三晩眠れませんでした」と記しています。[8] しかも、日本人女優山口淑子ではなく、中国人女優李香蘭と誤解されたまま終戦を迎えることになった彼女は、深い葛藤に苛まれていました。

とはいえ、満映時代の彼女の出演作には、〈国策映画〉とは一線を画する作品もありました。**大佛次郎**(おさらぎじろう)(1897-1973)原作、**岩崎昶**(あきら)(1903-81)製作、**服部良一**(1907-93)の音楽で、**島津保次郎**がメガホンを取ったミュージカル『私の鶯(うぐいす)』(1943)です。父母と生き別れ、〈白系ロシア人〉〔ロシア革命後に亡命したロシア人〕のオペラ歌手を養父として成長した日本の少女がやがて父と再会するという物語は、ほぼ全篇ロシア語で撮られています。この少女役を演じながら淑子が思い浮かべていたのは、幼なじみだった亡命白系ロシアのユダヤ人少女、リューバでした。『**李香蘭と原節子**』(岩波現代文庫、2011)において**四方田犬彦**(よもたいぬひこ)(1953-)に「民族と言語を超えたコスモポリタンなメロドラマ」(151頁)と評されるこのフィルムには、思春期を中国人家庭ですごし、ロシア人の親友と秘密を分かち合った淑子の体験が生かされたことは言うまでもありません。しかし、残念なが

---

8 前掲山口淑子『戦争と平和と歌──李香蘭心の道』、40-41頁。

ら、この作品は満洲でのみ公開され、フィルム発見後の 1986 年に東京で上映されるまで日本の観客の目に触れることはありませんでした。

　淑子は『私の鶯』に出演してから、映画『萬世流芳』（卜萬蒼・朱石麟・馬徐維邦監督、1943）公開後の記者会見で、中国人でありながら『白蘭の歌』や『支那の夜』のような中国を侮辱する作品に出演した理由を問われます。日本人であるとその場で告白することもできず、中国人として謝罪の言葉を述べた彼女は、李香蘭として満映作品に出演し続けることはできないと思うようになりました。1944 年に満映の理事長だった甘粕正彦（1891-1945）[9]に願い出て、淑子は満映を退社し川喜多長政（1903-81）率いる上海の〈中華電影〉に移籍します。川喜多は中華電影の第一回配給作品として、『木蘭従軍』（張善琨監督、1939）を選んでいました。男装の少女が北方異民族の侵略に抗し救国の戦いに身を投じるという時代劇でしたが、中国の観客はそこに抗日の寓意を読み取りました。映画評論家の佐藤忠男（1930-）は『キネマと砲聲』（岩波現代文庫、2004）で、この作品を配給したのは「自分が侵略者の手先ではなく、いかに中国を理解しているかを中国の映画人たちに示すためであったに違いない」（175 頁）と述べています。

　しかし、中華電影への移籍後間もない 1945 年 4 月、〈太平洋戦争〉が激化し、米軍が沖縄本島に上陸すると、中華電影のスタッフや俳優も上海を離れ、映画製作は不可能になってしまいます。無聊をかこつスタッフたちの間から、映画の代わりに音楽会の企画が持ち上がり、李香蘭のヒット曲「夜来香」（黎錦光詞・曲）を服部良一が編曲して「夜来香幻想曲」というリサイタルが開かれることになりました。同年 6 月、上海交響楽団をバックに、数々のヒット曲を様々なアレンジで歌うこの試みは大成功を収めました。

　9　甘粕正彦は、無政府主義者の大杉栄、伊藤野枝、伊藤の甥の 3 人が憲兵隊により虐殺された「大杉事件」（1923）の共同正犯として 2 年 10 か月のあいだ服役した後に満洲に渡り、1939 年 11 月に満映の二代目理事長に就任しました。初代理事長は川島芳子の実兄、金璧東でした。

国籍不明のダンサー、ミス・マヌエラ

淑子が銀幕のスターとして活躍していた同じ頃、上海の〈租界〉ではハワイ生まれでボンベイで踊りを学んだという触れ込みの「ミス・マヌエラ」なるダンサーが人気を博し、最盛期には彼女の名を冠したカクテルが売りの「マヌエラ・バー」がオープンしたほどでした。彼女の名は和田妙子（たえこ）(1911-2007)、日本人です[10]。妙子にもまた、日本人であることを明かせない事情がありました。

1934年に日本からやってきた彼女は、〈大連〉を経て上海の〈虹口（ホンキュウ）〉のダンスホールで踊りはじめます。虹口は英米共同租界の一角に作られた日本人居留地で、「日本租界」とも呼ばれていました。上海でのキャリアを虹口から始めた彼女は、やがて蘇州河を隔てた英米共同租界やフランス租界[11]の一流店でショーに出るようになります。ただし、反日感情の強かったこうした店では、日本人であることをひた隠しにしなければなりませんでした。彼女の自伝『上海ラプソディー——伝説の舞姫マヌエラ自伝』（ワック、2001）には、日本人だと告げ口されたために、支配人に楽屋から叩（たた）き出されたこともあったと記されて

図8-5 『上海ラプソディー——伝説の舞姫マヌエラ自伝』

---

10 妙子をモデルにした小説に、西木正明『ルーズベルトの刺客』（新潮文庫、1994）があり、そこでは戦後に彼女の夫となった和田忠七がかつて諜報活動に従事していたことが記されています。

11 上海には当時の面影を残す建築物がいくつも現存しますが、にむらじゅんこ『フレンチ上海　東洋のパリを訪ねる』（平凡社コロナブックス、2006）を手に往時のフランス租界の繁華の跡をたどってみるのも面白いでしょう。また、1934年から35年にかけてベルギーの新聞に連載された、エルジェ（1907-83）の漫画〈タンタンの冒険〉シリーズ『青い蓮』（川口恵子訳、福音館書店、1993）には当時の上海の様子が克明に描かれています。街の風景や看板に記された漢字などは、ベルギーの中国人留学生・張充仁の助けによって描かれたものでした。

います。

　劇作家の斎藤憐（1940-2011）は戦前のジャズメンに取材した『**昭和のバンスキングたち――ジャズ・港・放蕩**』（ミュージックマガジン、1983）の中で、「自分の人生をもとでに冒険というクジをひいた」ジャズを愛する「不良たち」の姿を、愛惜をもって描く一方で、「マニラ、上海、大連、ハルビンと植民地でジャズは栄えた。だが、現地の人々は、ジャズやダンスを楽しむことはできなかった」（258頁）とつづっています[12]。租界で妙子を取り巻いていたのもアメリカ人のマネージャー、ユダヤ人の振付師をはじめ、みな西洋人で、自伝に登場する中国人は二人の「阿媽」〔お手伝いさん〕のみです。

　日米開戦後、日本軍占領下の上海では中華電影の映画ばかりが上映されるようになり、妙子は自伝で「私も西洋かぶれといったようなところがあったのかもしれないが、日中合作映画は見る気も起きなかった。だから西洋の映画を見る楽しみも、自分の祖国である日本に奪われた気がしていた」（294頁）と語っています。これも往時の租界の空気をよく伝える言葉でしょう。

許泳、日夏英太郎、ドクトル・フユン

　満映時代に淑子は「内鮮一体総力映画」と銘打った、『**君と僕**』（1941）という作品に出演しています。1938年に公布された陸軍特別志願兵制度を宣伝する国策映画で、脚本・監督は**日夏英太郎**（1908-52）。彼は本名を**許泳**という在日朝鮮人でした。この映画の主人公も朝鮮人で、〈京城〉〔現在のソウル〕近くにある志願兵訓練所の訓練生という設定です。「我々半島人が銃を持って皇国のために立ち上がらなければならない」と語る主人公は、最後に日本娘と結婚します。全篇日本語によるこの作品は、朝鮮軍報道部の製作で、松竹や東宝といった映画会社の枠を超えて当時のトップスターが集められました。主演は日本で活躍していた朝鮮人歌

---

[12] 斎藤憐はこうした取材の上に書き上げた戯曲「上海バンスキング」『黄昏のボードビル』（而立書房、1996）で上海の情景を活写しています。

手の**永田絃次郎**(1909-85)、さらに**文芸峰**、**沈影**といった朝鮮映画界のスターがキャスティングされたうえ、淑子も満映から参加して満洲娘の役を演じています。

日夏英太郎はその後、1942年に陸軍報道班員として日本軍政下のジャワに渡り、翌43年には日本陸軍の宣伝映画、『**豪州への呼び声**』(*Calling Australia*) を製作します。そして、戦後は朝鮮人軍属および民間人の自治組織として発足した在ジャワ朝鮮人民会に加入しましたが、45年末に離脱します。彼はその後、生まれ故郷の朝鮮にも、妻子のいる日本にも帰還せず、インドネシアに留まることを選びました。日帝協力映画『君と僕』を監督した過去が、彼にそうした選択をさせたのかもしれません。

図 8-6 『越境の映画監督——日夏英太郎』

ジャワに残った日夏は、**ドクトル・フユン**と名乗り〈**インドネシア独立戦争**〉(1945-49) 期に映画・演劇活動に携わりました。1947年にジョグジャカルタに映画演劇学校を創設し、1年あまり教壇に立ちます。1949年12月のオランダからインドネシア連邦共和国への主権移譲の後、1950年にはジャカルタに戻り、劇映画の製作と配給に乗り出しました。それから病に倒れるまでの二年半に、『**天と地の間に**』(1951) などの三本の作品を製作し、独立インドネシア映画界の草創期に活動した映画人として記憶されています。三つの名前で朝鮮、日本、インドネシアの歴史をかいくぐった日夏の数奇な運命とその作品については、**内海愛子・村井吉敬**『シネアスト許泳の「昭和」』(凱風社、1987)、そして娘の**日夏もえ子**による『**越境の映画監督　日夏英太郎**』(文芸社、2011) によって知ることができます。

第8章　国家と歴史のはざまから　李香蘭

シャーリー・ヤマグチとイサム・ノグチ

戦後、淑子も漢奸裁判にかけられますが、幼なじみのリューバの助けを得て戸籍謄本(とうほん)を提出することができ、日本人と証明されたために無罪となり、日本への帰国が許されます。

李香蘭から山口淑子へと戻った彼女は、日本でも女優活動を続け、**黒澤明**（1910-98）『**醜聞（スキャンダル）**』（1950）などに出演します。さらにシャーリー・ヤマグチの芸名でハリウッド映画にも進出し、『**東は東**』（キング・ヴィダー監督、1951）、『**東京暗黒街・竹の家**』（サミュエル・フラー監督、1955）といった英語作品にも挑んでいます。

図 8-7　映画『東は東』
（出典）『スクリーン』1951.11

同時に、日系米国人の彫刻家、**イサム・ノグチ**（1904-88）と出会い、1951 年に結婚しました。日中両国の板挟みとなった淑子同様、イサムもまた日本と米国の間に身を置いて、両国間の戦争を体験していました。彼の父は英語詩人として知られる**野口米次郎**（1875-1947）ですが、実子として籍に入れてもらうことはありませんでした。母は米次郎の英語詩の共作者ともいえる、**レオニー・ギルモア**（1874-1933）という米国人です。運命に果敢(かかん)に挑んだこの女性の生涯は、『**イサム・ノグチ　宿命の越境者**』上下（ドウス昌代、講談社文庫、2003）に克明に描かれ、後に日米合作映画『**レオニー**』（松井久子監督、

図 8-8　『イサム・ノグチ ——宿命の越境者』

2010) によって深い印象を残しています。

イサムは母の姓「ギルモア」を用いたのはごく一時期で、在米時も「野口」姓を名乗り続けたほか、日米開戦後は自ら出頭して〈**日系人収容所**〉に入るなど、日米の「両端を踏」み続けることを自分に課したアーティストといえるでしょう。

しかし、日米を行き来する二人の結婚生活はすれ違いが続きました。加えて淑子は共産主義シンパのリストに誤って載せられたために米国ビザの発給を受けられず、共に過ごす時間を持つことが困難になった二人は別れを選択しました。

それから2年後の1958年、淑子は外交官大鷹弘と再婚、芸能界を引退してミャンマーのラングーンで主婦として暮らし始めます。

「3時のあなた」から政界入りまで

大鷹淑子として、夫と共にミャンマー、ジュネーブに暮らした彼女は豊富な在外経験を買われ、1969年から74年まで山口淑子の名でフジテレビ「**3時のあなた**」の共同司会者を務めるようになります。

1971年にはアラブ・ヨルダン・レバノン・イスラエルで取材を行い、パレスチナ解放人民戦線（PFLP）の活動家ライラ・ハリド（1944-）にインタビューしました。その翌年にはロッド〔リッダ〕の空港乱射事件を受けてイスラエルに飛び、さらにベイルートでPFLPのスポークスマンであった作家、**ガッサーン・カナファーニー**（1936-72）にもインタビューを行っています。しかし、彼女が「パレスチナの心情を描く詩や小説と政治活動で、アラブ世界の尊敬を集めた芸術家」「知的で洗練された、ハンサムな方」[13]と記したカナファーニーは、彼女の帰国からわずか一週間後、自動車に仕掛けられた爆弾によって非業の死を遂げました。1948年のイスラエル軍によるパレスチナ占領、それに伴い故郷を逐われた人々の記憶は、「ナクバ（NAKBA）」すなわち大惨劇として伝えられて

13　山口淑子『戦争と平和と歌——李香蘭心の道』、145頁。

第 8 章　国家と歴史のはざまから　李香蘭

います。ナクバの傷が刻まれた彼の小説作品は、日本語では『**ハイファに戻って／太陽の男たち**』（黒田寿郎・奴田原睦明訳、河出書房新社、2009）などで読むことができます。[14]

そして 1973 年、淑子は赤軍派幹部で PFLP に参加した**重信房子**（1945-）にインタビューを果たしました。房子の娘、**重信メイ**（1973-）もまた、出自を隠して少女時代を送った経験を持っています。ベイルートに生まれた彼女の、転校を繰り返しながらの暮らしは、本人の著書『**秘密──パレスチナから桜の国へ　母と私の 28 年**』（講談社、2002）、シェーン・オサリバンによるドキュメンタリー『**革命の子どもたち**』（2011）で語られています。

図 8-9　『ハイファに戻って／太陽の男たち』

映画の中でメイは「私はアラブ人であり日本人でもあると思っています」「子供の頃はパレスチナ人だという自覚はほとんどありませんでした。日本に来てからアラブ人のアイデンティティーを感じるようになりました」と述べています。28 年間無国籍であった彼女は、日本国籍を取得し現在はジャーナリストとして活動しています。

1974 年、淑子は参議院選挙に自民党から出馬して当選します。それから 3 期 18 年、1992 年まで外務委員会を中心に政治活動を続けました。政治家としてはパレスチナ問題をはじめ外交問題に取り組んだのち、1995 年に発足した元「慰安婦」女性への補償を行う「女性のためのアジア平和国民基金」〔アジア女性基金〕の副会長に就任しています。

17 年間にわたってパレスチナを撮り続け、ドキュメンタリー「届か

14　カナファーニー作品については、アラブ文学研究者の岡真理（1960-）による『アラブ、祈りとしての文学（新装版）』（みすず書房、2015）などに収められた一連の批評が手引きとなるでしょう。歴史のはざまに閉じ込められ、顧みられることのなかった個々の生の有様が語られる作品の数々を、わたしたちは単に遠い世界の出来事を語ったものとして突き放した読みかたをすることができるでしょうか。

ぬ声——パレスチナ・占領を生きる人びと』[15]として公開した土井敏邦(どいとしくに)(1953-)監督にも、韓国の元「慰安婦」女性の姿をとらえた『"記憶"と生きる』(2015)があります。『支那の夜』『白蘭の歌』といった満映作品が、高らかに国家の歴史を歌いあげ形づくるものであったとするなら、これらの作品は、そのような歴史から疎外(そがい)されてきたひとりひとりの声に耳を傾ける試みであるといえるでしょう。[16]

満洲国の女優として国家のつくりだす物語を歌いあげることとなった李香蘭時代の山口淑子の歩みは、ドラマやミュージカルにも脚色されて今や半ば神話化されています。日中のはざまで苦しんだ女優「李香蘭」の物語、そして戦後の山口淑子の活動から心に刻むべきことは、「中国人」「日本人」の枠ではとらえきれない、国家の歴史の隙間に置き去りにされた声に耳を澄ませることであるのかもしれません。

図8-10　山口淑子『誰も書かなかったアラブ——"ゲリラの民"の詩と真実』サンケイ新聞社出版局、1974

---

[15] シリーズ第1部『ガザ——「和平合意」はなぜ崩壊したのか』、第2部『侵蝕——イスラエル化されるパレスチナ』、第3部『2つの"平和"——自爆と対話』、第4部『沈黙を破る』(2009)はいずれもDVDがシグロより2010年に発売されています。

[16] 日本のジャーナリストによるパレスチナをとらえた映像作品としては、女性や子どもの姿を記録した、古居みずえ(1948-)監督の『ガーダ　パレスチナの詩』(2005)、『ぼくたちは見た　ガザ・サムニ家の子どもたち』(2011)、そして報道写真月刊誌『DAYS JAPAN』編集長も務めたフォトジャーナリストの広河隆一『パレスチナ1948——NAKBA』(2008)も挙げておきましょう。パレスチナ人監督による作品では、ハニ・アブ・アサドによる劇映画『パラダイス・ナウ』(2005)、『オマールの壁』(2013)が、ヨルダン川西岸地域に暮らす若者たちの出口を封じられた生を描いています。

第8章　国家と歴史のはざまから　李香蘭

 読んでみよう・調べてみよう！

1　「李香蘭」と「山口淑子」、それぞれの出演作品を鑑賞し、彼女が演じた役柄がどう違うか考えてみよう

2　本文中に名前の挙がった人物について、分担して調べ、近現代史と関連づけて報告しよう

3　自分にもう一つの名前をつけるとしたら、どんな名前をつけたいですか。あなたがその名前だったとしたら、生まれた場所はどこですか。好きな食べ物は何ですか。小さい頃にはどんな遊びをしましたか。今は何をしていますか。10年後にはどうしていると思いますか。想像して書いてみよう

第9章
孤高のヒーロー

ブルース・リー

　「アチョーーッ！」の奇声とともに繰り出されるパンチやキック。みなさんの中には、子供のころ、〈カンフー〉ごっこで遊んだ、という方もいるのではないでしょうか。そしてそれは、みんなこのようなスタイルだったのではないでしょうか。元ネタは知らないのに、そのスタイルは、なぜか共通している。こうしたことが起きるのは日本だけではありません。日本人の海外旅行記を読むと、アジア人である自分を見て、現地の子供たちが「アチョーッ！」といって駆け寄ってきた、という記述をしばしば目にします。カンフーの

図9-1　香港・尖沙咀のブルース・リー像（撮影：中野知洋）

こうしたスタイルを作り、広げたのは、ブルース・リーという希代のスターです。

　ブルース・リー。彼の映画を見たことがなくても、名前を聞いたこと

　1　カンフー（功夫）とは、中国武術の総称です。もともとは南方の武術を指しましたが、やがて中国武術全般を指すことになります。
　2　『現代思想　総特集　ブルース・リー』（青土社、2013）では、四方田犬彦氏が、パレスチナでのこのような経験を記しています（「ブルース・リー、おまえは誰か？」）。

がない、という人はいないでしょう。**ジャッキー・チェン**や**ジェット・リー**、**チョウ・ユンファ**など、中華系のアクションスターは数多くいますが、その中でもひときわ輝きを放っているのが、ブルース・リーです。しかし今挙げたスターたちの中で、彼だけが、すでにこの世にはいません。1973年7月、彼は32歳の若さでこの世を去りました。この章では、彼がスターに上りつめ、短い輝きを放った、その軌跡を追っていきます。

ブルース・リーの生涯[3]

　ブルース・リーは1940年、サンフランシスコの〈**チャイナタウン**〉にて、この世に生を授かります。本名は李振藩。藩はサンフランシスコを表す字で、「サンフランシスコを揺るがす」という意味でつけられたものです。父親は粤劇俳優の李海泉、母親はドイツ人の血が流れる何愛瑜という女性です。この二人の次男〔五人きょうだいの二番目〕としてリーは誕生しますが、アメリカで生まれたために、生地主義をとっているアメリカの国籍を、この時点で有します。

　翌年、一家は〈**香港**〉へと戻ります。リーは幼少〜少年期を香港で過ごしますが、相当な不良少年だったようで、問題を起こしては、何度も転校することになります。いっぽうで、詠春拳やボクシングなど、さまざまな武術を身につけ、腕っ節を上げていきました。

　しかし警察沙汰になることもしばしばの不良だったため、心配した両親は、リーが18歳の時に、アメリカへと渡らせます。生地のサンフランシスコに戻った彼は、父の友人が経営する中華料理屋で働きながら、カンフーの指導で小銭を稼ぎます。

　その後、1961年にシアトルに移り、ワシントン大学へ進学します。大学で哲学を専攻しながら、当地で武道家に挑戦しては勝利します。徐々にその名が知られるようになり、翌年、シアトルのチャイナタウンに振藩国術館（Zhen fan Martial Arts Museum）という道場を開きます。中華料

---

[3] ブルース・リーの生涯については、四方田犬彦『ブルース・リー』（晶文社、2005）が決定版です。ぜひ一度、目を通してみてください。

第9章　孤高のヒーロー　ブルース・リー

理店でアルバイトをするかたわら、道場で若者たちにカンフーの手ほどきをします。またシアトル時代には、自分の弟子であったリンダ・エメリーと結婚し、のちに一男一女をもうけます。

やがて彼は、〈ハリウッド〉への進出を目指すようになります。1966年、連続テレビドラマ「**グリーン・ホーネット**」にレギュラー出演。これを機に、リーは家族を連れロサンゼルスに移り住みます。ハリウッドで映画監督や俳優たちにカンフーを教授しつつ、ハリウッドでのさらなる活動を目指しますが、端役での出演は続いたものの、それは「アジア系アメリカ人」の〈ステレオタイプ〉[4]を越えるものではありませんでした。役を降ろされることも経験するなど、この時のハリウッド進出は、成功といえるものではありませんでした。

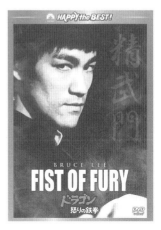

図9-2　『ドラゴン怒りの鉄拳』デジタルリマスター版DVD、パラマウントジャパン、2011

12年のアメリカ滞在ののち、1971年、彼は香港へと戻ります。そして主演一作目の映画『**ドラゴン危機一発**』を撮影。低予算、しかもきわめて短期間で撮影されたにもかかわらず、香港で大ヒットを記録します。続く『**ドラゴン怒りの鉄拳**』もそれを上回る大ヒット。三作目の『**ドラゴンへの道**』ではリーが製作・脚本・監督もこなし、アメリカでも公開され、大ヒットします。四作目はハリウッドで製作された『**燃えよドラゴン**』。こちらはアメリカで先に公開され、期待通りのヒットを飛ばします。しかし五作目の『**死亡遊戯**』の撮影期間中、彼は急死します。まだ32歳の若さでした。死因については、一般には薬物中毒とされてい

4　ハリウッドにおけるアジア人のステレオタイプについては、村上由見子『イエロー・フェイス——ハリウッド映画にみるアジア人の肖像』（朝日選書、1993）を参照。内容はやや古くなっていますが、同書が指摘するステレオタイプは、今日にも通用するものです。

ますが、不明な点も多く、「謎の死」ともいわれています。

ブルース・リーの作品

　ブルース・リーは、アメリカ、そして香港で、数多くの映画に出演しています。最初に出演したのは、生後三ヶ月あまりの時にアメリカで撮影された『金門女』という作品です。香港に戻ってからも、子役として多くの映画に出演。ふたたびアメリカに渡ってからは、連続ドラマシリーズにレギュラー出演します。が、主演映画は、彼が香港に戻って以降に作られた、五作品のみです。

　『ドラゴン危機一発』（原題：「唐山大兄」、英題：*The Big Boss*、1971）
　『ドラゴン怒りの鉄拳』（原題：「精武門」、英題：*Fist of Fury*、1972）
　『ドラゴンへの道』（原題：「猛龍過江」、英題：*The Way of the Dragon*、1972）
　『燃えよドラゴン』（原題：「龍争虎闘」、英題：*Enter the Dragon*、1973）
　『死亡遊戯』（原題：「死亡遊戯」、英題：*The Game of Death*、1978）

　最後の『死亡遊戯』は、撮影中にリーが亡くなったため、すでに撮影したフィルムに、代役を使って新たに撮影した部分を加え、編集したもので、「ブルース・リー主演の映画」としてもいいのか、議論があります。ゆえに、純粋に彼が主演した映画といえるのは、四作品のみです。その数だけを見れば、彼は世界中に数多くいる「ふつうの映画スター」の一人にすぎません。
　しかし、彼の存在感、そして人気は、「生前、四作品に主演した」という情報を、はるかに越えるものです。なぜ、彼はここまで有名になり、しかも今に至るまで、その名声を保っているのでしょうか。
　もちろん、「彼が強かった」ということが、重要でしょう。映画中のリーは、気持ちいいほどに、敵をばったばったとなぎ倒していきます。しかし、強いだけであれば、他にいくらでもスターはいるでしょう。彼の作

第 9 章　孤高のヒーロー　ブルース・リー

品の人気を突きつめていくと、生い立ち、そして香港という都市の特殊性に、行き当たることになります。

ブルース・リーの香港

　日本では、彼のことをブルース・リー（Bruce Lee）という英語名で呼んでいます。しかし、中華圏では**李小龍**（北京語：リ・シャオロン／広東語：レイ・シウロン）という名前で通っています。一方、前述のように、彼の「本名」は李振藩（リ・チェンファン／レイ・ザンファーン）。いったいどれが「本当の名前」なのでしょう。

　彼に限らず、香港の人は、ほとんどが英語名を持っています。たとえば、リーと並んで香港を代表するカンフースターである**ジャッキー・チェン**（成龍／Jackie Chan）、あるいは歌手でもあり俳優もこなす**アンディ・ラウ**（劉徳華／Andy Lau）など、みな英語名がついています。俳優のみならず、一般の人々も、英語名で呼び合うことが普通です。それは、香港が長らく〈イギリス〉の〈植民地〉であったことに由来します。[5]

　ところで、ブルース・リーは「なに人」なのでしょうか。父親は広東省生まれの俳優、母親はドイツ人の血を引く〈華人〉です。そしてサンフランシスコで生まれ、その後帰国して香港で育ちます。彼は、はたして香港人なのでしょうか？　それとも中国人？　アメリカ人？　イギリス人？　それとも、華人？[6]

　彼のルーツである香港とは、いかなるところなのか。歴史上、香港はそのほとんどの期間、小さな漁村でした。しかし 1842 年、イギリスが当時中国を治めていた〈清朝〉との戦争〈**アヘン戦争**〉に勝利し、この

---

[5]　香港の歴史については、中国モダニズム研究会編『ドラゴン解剖学・登竜門の巻　中国現代文化 14 講』（関西学院大学出版会、2014）の第 11 章「香港」に、簡単にまとめてあります。

[6]　「自分はなに人か」というアイデンティティはいかに生まれてくるのか、そしてそれは社会においてどのような影響があるのか、という点については、多くの研究があります。ここではその入門として、鑪幹八郎監修『アイデンティティ研究ハンドブック』（ナカニシヤ出版、2014）を挙げておきます。

地が割譲されます。イギリスは香港を、貿易の拠点として整備します。そして香港は、近代的・西洋風の建築物が立ち並ぶ、「中国の中のイギリス／西洋」として、発展していきます。

やがて中国国内から、動乱を逃れて中国人が移り住むようになり、居住民としては中国人がイギリス人よりも圧倒的に多くなります。しかし、この地を領有し、支配するのはあくまでイギリス人であり、中国人には政治的な権利も発言権もない、という状態が長く続くことになるのです。

リーが生後一年で帰国した直後の1941年12月8日、香港に日本軍が侵攻します。1945年に日本が降伏するまで、香港は日本軍に占領されることになります。そして日本軍が退却すると、香港はふたたびイギリスの植民地に戻ります。

リーの成長は、そのまま香港の成長と重なります。〈中国共産党〉の統治の下で停滞する〈中華人民共和国〉を尻目に、香港はアジアの経済の中心として、発展を謳歌します。その発展ぶりは、一人あたりのGDPで、〈宗主国〉であるイギリス本国を抜くほどだったのです。

経済は発展しましたが、政治的には、イギリスの統治を受けたままでした。行政のトップである〈香港総督〉はつねに本国から派遣されてくるイギリス人であり、香港人がトップに就くことはできません。選挙も行われず、香港人に政治的な意見表明の場は与えられなかったのです。

香港のおかれた複雑な状況は、リーが出演した作品にも、色濃く反映されています。具体的に見ていきましょう。

ブルース・リーと「国家」

ブルース・リーの生涯において、興味深く思われるのは、彼のカンフーが、「中国の武術を（とくに欧米の）人々に知ってもらう」ことを目的としている点です。彼はアメリカ時代、道場で人々に稽古をつけるかたわら、一般向けにカンフーを解説した本を執筆します。少しでも中国武術の知名度を上げ、「外国」のみんなに知ってもらいたい、という彼の目的が、ここから読み取れます。おそらく彼は、「強くなりたい」という

第9章　孤高のヒーロー　ブルース・リー

欲望と同じくらい、「中国武術を世界に広めたい」という思いを抱いていたのです。

彼がアメリカで広めようとしたのは**截拳道**（ジークンドー）という流派ですが、映画中ではとくにそれにはこだわらず、「中国拳法」という呼び名で呼ばれています。『ドラゴンへの道』でも、空手を学ぶ中国人たちの前で、リーは「私のは中国拳法だ」と何度も強調します。日本的雰囲気にあふれる空手ではなく、あくまでも中国拳法の使い手であることをアピールするのが、重要だったのです。[7]

図9-3　『燃えよドラゴン』ディレクターズカット特別版DVD、ワーナーホームビデオ、2010

彼がハリウッドでの活動を求めたのも、目的は中国拳法の普及だったと思われます。カンフー映画に出演することで、多くのアメリカ人に、カンフーの魅力を知ってもらう。しかし前述のように、ハリウッドへの最初の進出は、うまくいきませんでした。いくら強くても、結局はアジア人ということで、色物扱いされてしまう。アジア人のステレオタイプを抜け出すことができない。その虚しさを、彼は感じることになったのです。[8]

「欧米からの目線」は、作品中にも読み取ることができます。『ドラゴンへの道』は、香港からイタリアに到着し、空港で出迎えを待つ彼が、白人の老人女性からジロジロと、あやしげな目で見られるシーンで始まります。これはリー自身が、つねに欧米人からこう見られていると意識していた、ということを、期せずして表しているのかもしれません。

7　中国武術全般については、『中国武術大全』（学研パブリッシング、2013）が、手軽に読める入門書です。

8　「カンフーを操るアジア人」のステレオタイプは、今も残っています。アメリカプロバスケットボール（NBA）のアジア人初のスター選手となった姚明（ヤオ・ミン）を、当時NBA一の選手だったシャキール・オニールが「ハチョーー」という叫び声と空手の格好で揶揄し、問題となったことがありました。

133

しかし一方で、リーの作品で表現される「中国」は、欧米の視線を過大に意識したものになっています。『燃えよドラゴン』の、中国武術大会のレセプション会場で戦っているのは、なんと相撲の力士です。それを仏頂面で見ているリーの姿が、なんとも印象的です。

　『燃えよドラゴン』は、ハリウッドで製作され、ハリウッド向けに作られた映画です。当時のアメリカでは、中国や日本などの文化は、すべて「東洋」と一括りにして消費されていたのです。この作品に登場する東洋の武術家たちは、みな「ハイ、ハイ」とお辞儀をしつつ去っていきます。これは、日本人に対するステレオタイプとして、今でも通用するものです。「中国」を世界に広め、紹介したい、という目標を持ちながら、しかしその中国がゆがめられた姿に変容し、流通していくさまを、リーはどういう心境で見ていたのでしょうか[9]。

戦う理由・戦いの後味

　カンフー映画は、もちろん「戦う映画」です。しかし「戦う映画」はカンフー映画だけではありません。

　ハリウッドであれば、真っ先に思いつくのは西部劇でしょう。あるいは、『バットマン』や『スーパーマン』などのヒーローモノも、その系譜に連なります。スタローンやシュワルツェネッガーに代表されるようなアクション映画もお馴染みです[10]。

　日本映画では時代劇や刑事モノがそれに当たるでしょうか。ロボットアニメも、そうした系譜に入れてもいいかもしれません。

　では、これら「戦う映画」において、主人公はなんのために戦ってい

　9　香港映画とアイデンティティとの関係については、韓燕麗『ナショナル・シネマの彼方にて──中国系移民の映画とナショナル・アイデンティティ』（晃洋書房、2014）を参照してください。同書ではブルース・リーについては触れていないものの、この両者について、きわめて明解に論じられています。

　10　内田樹『街場のアメリカ論』（文春文庫、2010）には、アメリカのヒーロー映画のわかりやすい解説が収められています。ほかにも、アメリカン・ヒーローを扱った研究は多数ありますが、歴史的な経緯を論じたものとして、亀井俊介『アメリカン・ヒーローの系譜』（研究社出版、1993）を挙げておきます。

るのでしょう。西部劇や時代劇であれば、「町の平和のため」でしょうか。ハリウッドのアクション映画であれば、「家族を守るため」であることが多い。最近では、「テロリストから国家を守るため」というストーリーも、定番です。いずれにせよ、最後は敵を倒してめでたしめでたし、となる映画がほとんどであり、観客であるわれわれも、ヒーローが敵をなぎ倒す姿に興奮し、平和が訪れるのを見て安堵するのです。

　しかしブルース・リーの映画では、最後にハッピーエンドが待っていることはありません。

　最初の主演映画、『ドラゴン危機一発』では、敵のボスを倒したと同時に、地元の警察がやってきて、リーを捕まえていきます。

　『ドラゴン怒りの鉄拳』では、敵を倒し、師匠のかたきを討ちますが、最後、彼は「落とし前」をつけるため、警官たちが銃を構える前に身を投げ出します。

　『ドラゴンへの道』では、敵はすべて倒され、リーも無事（？）ですが、味方も裏切りなどでほぼ壊滅してしまい、失意のまま、故郷へ帰っていきます。

　『燃えよドラゴン』では、こちらも最後の敵を倒し、妹の敵（かたき）を討ちますが、リーの表情はまったく晴れません。一緒に戦った西洋人武術家の、最後の呆然とした表情、「オレ、なんで戦ったんだろう？」とでもいいたげな表情も、とても印象的です。

　リーが敵を倒した時の表情は、つねに哀しげです。最初は優しく気のいい青年だったのが、戦いを続けるにつれて苦悩に顔をゆがめるようになり、最後のボスを倒した時には何ともいえない哀しげな表情を浮かべる。敵を殺せば殺すほど満足げな表情になり、最後のボスを倒したあと、満面の笑みを浮かべ決めポーズを取るハリウッドのヒーローと比べると、その違いは歴然としています。

　前述のように、西部劇にしろ、ヒーロー映画にしろ、そして日本の時代劇にしろ、戦いは「平和」という収穫をもたらします。仮に戦う者自身が傷つき、追われ、場合によっては命を落としても、その戦いは「平

和」という形で報われる場合がほとんどです。

　しかしブルース・リーの戦いは、平和をもたらしません。生まれるのは新たな混沌の火種です。戦えば戦うほど、新たな戦火が生まれていく。戦いには、終わりなどないのです。

　こうしたストーリーに、ブルース・リーの思想がどの程度反映されていたのか、はっきりとは分かりません。しかし少なくとも彼は、戦いがけっして平和をもたらすものではないことを、知っていたのだと思います。「終わり」ではなく、「憎しみが生まれ、そこから新たな戦いが始まっていく」ことが暗示される彼の映画の結末は、現代社会において、戦争、あるいは「テロとの戦い」などという形で、現実のものになっているといえるのです。[11]

戦いの系譜

　ブルース・リーが火をつけ、道を切りひらいた中華圏のカンフー映画は、たちまち世界を席巻します。リーの死後、その後継者として誰もが名前を挙げるのが、**ジャッキー・チェン**（成龍、1954-）でしょう。

　ジャッキー・チェンは、リーに遅れること十四年、1954年に香港で生まれます。青年時代にはエキストラとして数多くの映画に出演、ブルース・リーの映画にも登場しています。コメディ路線をとった彼は、『**蛇拳**』『**酔拳**』などに主演してヒットを飛ばしたのち、83年の監督・主演作『**プロジェクトA**』（原題:「A計画」、英題：*Project A*）が大ヒット、香港アクションスターとして不動の地位を確立します。やがてハリウッドにも進出し、『**ラッシュアワー**』（1998）のヒットで世界的なスターとなり、現在に至るまで数多くの作品に出演し続けています。

　アクションスターとしては**ジェット・リー**（李連杰）も有名。1963年

11　現代における「終わらない戦い」を論じた書物は多数ありますが、デクスター・フィルキンス『そして戦争は終わらない――「テロとの戦い」の現場から』（有沢善樹訳、日本放送出版協会、2009）が定評のあるルポルタージュです。また大治朋子『勝てないアメリカ――「対テロ戦争」の日常』（岩波新書、2012）は、アメリカにおける「終わらない戦い」を論じています。

第9章　孤高のヒーロー　ブルース・リー

北京生まれの彼は、少年時代から武術に優れ、中国の大会で五年連続優勝を遂げたという、正統派の武術家です。82年に映画『**少林寺**』で俳優としてデビュー。ハリウッド進出も果たし、今や押しも押されもせぬ大スターです。

それ以外にも、『**男たちの挽歌**』(「英雄本色」、1986)や『**グリーン・デスティニー**』(原題:「臥虎蔵龍」、英題:Crouching Tiger, Hidden Dragon、2000)で知られる**チョウ・ユンファ**(周潤發、1955-)、あるいは『ドラゴン怒りの鉄拳』をリメイクしたテレビドラマ『**精武門**』(1995)で主演した**ドニー・イェン**(甄子丹、1963-)など、リーが切り拓(ひら)いたカンフー映画の流れは、途切れることなく続いています。『グリーン・デスティニー』は世界的なヒットとなり、近年では『**孫文の義士団**』(原題:「十月圍城」、2009)や『**グランド・マスター**』(原題:「一代宗師」、2013)などのように大作化してきています。これを見ると、現在はカンフー映画の全盛期といえるかもしれません。

図9-4　『グランド・マスター』DVD、松竹、2015

しかし、近年の中華圏カンフー映画からは、ブルース・リーの「戦う哀しみ」を感じることは、ありません。基本的には、ひたすら強い敵を倒していくことを目的としたストーリーです。

だからダメだとか、映画としての価値が低いとかいうわけではありません。映画の優劣の基準は多様であり、「ブルース・リーより今のカンフー映画の方が、わかりやすくていい」「見終わったあと、スッキリする」という評価も、じゅうぶんあり得るでしょう。

ただ、近年次々に作られている中国のアクション大作において、その多くが〈**中国ナショナリズム**〉を濃厚に漂わせているのは、気になるところです。ジャッキー・チェン「100本目」の出演作だという2011年製作の『**1911**』(原題:「辛亥革命」)では、「新中国建国のため」に戦う者

たちの姿が、無条件で賞賛されています。

　またジェット・リーの『SPIRIT』（原題：「霍元甲」、2006）も、伝説の武術家・霍元甲<rb>かくげんこう</rb>をモデルにしつつ、「彼が中国の名誉のために戦った」という強引なストーリーを、「霍元甲は日本人に毒殺された」という俗説を採用してまで展開しています。

　繰り返しますが、中国ナショナリズムが濃厚な映画だからダメ、というわけではありません。しかし、ブルース・リーが抱いていた「自分はなにものなのか」そして「なんのために戦うのか」という苦悩を、これらの映画から感じることは、できません。これらの映画では、戦うのは「中国のため」であり、そこに疑問や揺らぎは一切盛り込まれず、きわめて直線的なストーリーになっています。これらの映画は、思想的背景がきわめて確固とした、かつ「内向き」なものになっており、「アクションがカッコイイ」という以外に、日本人である私の心に響いてくるものは、ありません。

アイデンティティを求めて

　ブルース・リーはつねに、「自分はなにものなのか」という疑問を抱き続けていました。そしてそうした思いを抱く者たちは、今も決してなくなったわけではありません。2014 年、台湾、そして香港で、「反中国」のデモが行われました[12]。デモに参加した人たちの多くは、若者たちです。

　このデモ、そして参加者の考えが「正しい」かどうかは、ひとまず措<rb>お</rb>きます。しかし、これらの地域において、「中国人」という枠に押し込められることを是としない者たちが多くいるということは、やはり無視することはできないでしょう。もちろん、デモ参加者たちを「ブルース・リーの後継者」と単純に決めつけることはできませんし、参加者に

---

[12] 2014 年の香港デモについては遠藤誉等『香港バリケード —— 若者はなぜ立ち上がったのか』（明石書店、2015）や倉田徹他『香港 —— 中国と向き合う自由都市』（岩波新書、2015）を参照。梶谷懐『日本と中国、「脱近代」の誘惑 —— アジア的なものを再考する』（太田出版、2015）は、台湾と香港のデモにおける思想的背景を綿密に論じています。

第 9 章　孤高のヒーロー　ブルース・リー

もさまざまな思いを持つ者がいることは、忘れてはいけません。しかし、リーが思い悩んだ問題、「自分はなにものなのか」という問題は、現在、台湾や香港に居住する人々にとっても、決して過去のものにはなっていないのです。

　今後、中華圏のカンフー映画が、はたしてどのように展開していくのか。「中国人の、中国人による、中国人のための映画」が大量に作られていくのか。それともブルース・リーの思いを継ぐ者が出てくるのか。期待して見ていきたいと思います。

図 9-5　香港「雨傘革命」
（写真提供：AFP＝時事）

読んでみよう・調べてみよう！

1　ブルース・リーの生い立ちや生涯が、彼の映画にどのように反映されているか、調べよう

2　さまざまな「戦う映画」を見て、「登場人物が何のために戦っているのか」を比較しよう

3　台湾や香港で起こったデモについて、その背景を調べよう

第10章
一人の歌姫と〈二つの中国〉

テレサ・テンと鄧麗君

　テレサ・テンを知らなくても、「時の流れに身をまかせ♪」というフレーズを聴いたことがある方は多いのではないでしょうか。

　「時の流れに身をまかせ」を歌ったテレサ・テンは、1970、80年代に日本で活躍した〈台湾〉[1]出身の歌手で、中国語名は**鄧麗君**（デンリーチュン）と言います。鄧麗君は、台湾、〈香港〉、中国本土、東南アジアなど〈華人社会〉[2]で絶大な人気を誇り、中国で行われた「**中国に最も影響をおよぼした文化人**」[3]ランキングでは第一位に選ばれたほどです。

　本章では、台湾に生まれ、日本でも活躍し、両親の「祖国」である中国で歌うことを切望するも、〈天安

図10-1 DVD「歌伝説 テレサ・テンの世界」ユニバーサルミュージック、2006

　1　台湾の概説は、赤松美和子・若松大祐編著『台湾を知るための60章』（明石書店、2016）などにわかりやすくまとめられています。

　2　華人とは、広義では〈漢族〉を中心とする中華系の人々を指し、狭義では、中華系の血統でありながら中華圏以外に住み、居住国の国籍を持つ人々を指します。ここでは広義で使っています。

　3　中国網が主催し、中華人民共和国建国60年を記念して2009年に行われた調査。総投票数約2400万票の内、テレサ・テンは約850万票を獲得しました。

門事件〉により夢打ち砕かれ、死してなお華人社会の最強アイコンとして輝き続けるテレサ・テンの足跡をたどります。[4]

　日本での活躍についてはテレサ・テン（カタカナ）と表記し、中華圏での活躍を鄧麗君（漢字）（北京語：デン・リーチュン、広東語：ダン・ライグァン）と可能な限り書き分けます。それは、「テレサ・テン」と「鄧麗君」は、有名になるにつれて、異なるイメージを持った人物となっていくからです。では、この「テレサ・テン」と「鄧麗君」という一人の女性が背負った運命をみていきましょう。

天才少女歌手鄧麗君の誕生

　鄧麗君の母親は山東省生まれで中国の伝統劇や歌が大好きだったそうです。父親は中国河北省出身で〈中国国民党〉軍の軍人でした。〈日中戦争〉では日本軍とも戦ったそうです。1949年、〈国共内戦〉で勝利した〈中国共産党〉が中国本土で〈中華人民共和国〉を建国すると、敗北した国民党は台湾に逃げ込み台北を臨時首都として台湾で〈中華民国〉（1911-）を維持します。鄧麗君の父も国民党政府に従い家族を連れて台湾に移住しました。鄧麗君は、両親と兄が台湾に来た後の1953年1月29日に台湾の雲林県褒忠郷で誕生しました。本名は鄧麗筠です。父の退役後は〈軍人村〉などを転々とし、台北県蘆州で鄧麗君は小学生時代を過ごします。

　台湾に戦前から住んでいた人たちを〈本省人〉、戦後新たに中国本土から台湾に渡って来た人たちを〈外省人〉と呼びます。したがって、鄧麗君は〈外省人第二世代〉[5]ということになります。小学生時代、同級生たちのほとんどが本省人だったため、鄧麗君は〈北京語〉〔いわゆる中国語〕のほか〈台湾語〉も話せるようになったそうです。生身の外省人を描いた文学としては、台湾海峡を隔て離散により引き裂かれた思いが大河の

---

[4] 有田芳生『私の家は山の向こう——テレサ・テン十年目の真実』（文藝春秋、2005）、平野久美子『テレサ・テンが見た夢——華人歌星伝説』（筑摩書房、2015）はテレサ・テン伝の決定版です。

[5] 中国本土から台湾に移住した親〈外省人第一世代〉から生まれた、中国本土を知らない台湾生まれの外省人のこと。ルーツと経験とに複雑な経緯を持ち育ちました。

第 10 章　一人の歌姫と〈二つの中国〉　テレサ・テンと鄧麗君

ように流れ込んだ歴史ノンフィクション龍應台『台湾海峡——一九四九』（天野健太郎訳、白水社、2012）、70 年代後半の台湾を舞台とする外省人一家の流浪と決断の軌跡を描いた**東山彰良『流』**（講談社、2015）がお薦めです。『流』は直木賞を受賞しました。

台湾に暮らす人々は様々な歴史的文化的背景を有しており、原住民・閩南人・客家人・外省人の大きく四つのエスニック・グループ〈四大族群〉に類されます。**沼崎一郎『台湾社会の形成と変容——二元・二層構造から多元・多層構造へ』**（東北大学出版会、2014）は複雑な台湾社会の構造とその変容を理解するための格好の入門書です。

鄧麗筠は 1963 年、中華ラジオ主催の歌唱コンクールに出場し、優勝します。13 歳で台湾テレビの専属歌手に抜擢され人気が沸騰、学業との両立が困難となり、中学校を二年で中退します。そして、14 歳のとき、台湾のレコード会社「宇宙レコード」よりデビューしました。芸名「鄧麗君」を名乗り始めたのもこのころです。〈北京語〉が〈国語〉となり約二十年、テレビ・ラジ

図 10-2　龍應台『台湾海峡——一九四九』

図 10-3　東山彰良『流』

6　四大族群についてさらに理解を深めたい方は、王甫昌『族群——現代台湾のエスニック・イマジネーション』（松葉隼・洪郁如訳、東方書店、2014）を読んでみてください。

7　「中華ラジオ」やこの後に出てくる「中国テレビ」などは、台湾の放送局です。国民党政府は、台湾で中華民国を維持し、「中国の正当な支配者」を主張していたので、企業名に「中華」「中国」がつくものが多いのです。

8　生涯勉強し続けた鄧麗君は、語学学習にも熱心で、中国語、台湾語、広東語、日本語、英語、フランス語、インドネシア語の日常会話が話せたと言われています。

オでは、北京語の普及を推進するためにも、北京語で歌う新人歌手が渇望されていたのでしょう。当時、多くの北京語で歌う少女歌手が誕生しました。彼女たちの多くは貧しい軍関係者の子どもたちでした。台湾の人口の多くを占める本省人の母語は台湾語なので、当時北京語をネイティブのように操れるのは、外省人出身者に限られたからです。鄧麗君もそんな少女歌手の一人として一家の家計を支えていたのです。

図10-4　『テレサ・テンが見た夢――華人歌星伝説』

1969年には中国テレビの番組「毎日一星」〔今日のスター〕の司会も務め、連続ドラマや映画では主役を演じ主題歌も歌いました。初めて海外のステージに立ったのもこの年です。〈シンガポール〉国立劇場でのチャリティーコンサートでした。70年には〈香港〉へも進出します。この時に、**マザー・テレサ**に因んだとも言われる、クリスチャンネーム「テレサ」と本名「鄧」を組み合わせた芸名「Teresa Teng」を使い始めます。71年からは、香港、〈ベトナム〉、シンガポール、〈マレーシア〉、〈インドネシア〉、〈タイ〉など華人が暮らす東南アジアの各地を本格的に巡り熱狂的に迎えられます。中華圏での活躍については**平野久美子『テレサ・テンが見た夢――華人歌星伝説』**（筑摩書房、2015）[10]に詳しいです。

テレサ・テン日本デビューと不正パスポート事件

1973年、鄧麗君は、後にトーラスレコード社長となる**舟木稔**の尽力により、日本ポリドール〔現ユニバーサルミュージック〕と契約し、翌年にテレサ・テンとして日本デビューします。

9　マザー・テレサ（1910-1997）は、マケドニア出身のカトリックの修道女で、孤児救済施設をカルカッタなど世界各地に設立し、1979年にノーベル平和賞を受賞しました。

10　初版は、晶文社、1996年。

第 10 章　一人の歌姫と〈二つの中国〉　テレサ・テンと鄧麗君

　テレサ・テンは香港で見出されたためか、キャッチフレーズは、（台湾ではなく）「香港の赤いバラ」で、アイドル歌手全盛時代だった当時の日本でのデビュー曲は、アイドル路線の「**今夜かしら明日かしら**」（作詞：山上路夫、作曲：筒美京平）でした。しかし、すでに香港出身の**アグネス・チャン**（1955-、日本デビューは 1972）や台湾出身の**欧陽菲菲**（オウヤンフィーフィー）（1949-、日本デビューは 1971）の活躍の陰に隠れ、当初は注目を浴びることはありませんでした。そこで、演歌歌謡曲路線に転向します。こうして発売された「**空港**」（作詞：山上路夫、作曲：猪俣公章）がヒットし、日本レコード大賞新人賞（1974）を獲得しました。

　しかし、1979 年 2 月、テレサは事件を起こします。日本入国に際し、中華民国（台湾）のパスポートではなく、「ELLY TENG」という偽名（ぎめい）のインドネシアのパスポートを使用し、旅券法違反となり、一年間国外退去処分となります。

　テレサがインドネシアのパスポートを買ってしまった背景には、1971 年の中華民国（台湾）の国連脱退、72 年の〈**日中国交正常化**〉による〈**日華断交**〉などによって[11]、台湾の国際的孤立が深まったため[12]、中華民国のパスポートでは入国の際に煩雑（はんざつ）な手続きが必要になったという事情がありました[13]。国民党政府も、テレサに対し非難の声を上げ、日本政府に身柄の引き渡しを強く要求しました。けれども台湾に強制送還されては今後の芸能活動が危ぶまれるとの日本の事務所の判断で、国外退去に際しテレサはアメリカに向かいます。テレサは、聴講生としてアメリカの大学で勉強し、一学生としての自由を満喫（まんきつ）する一方、ロサンゼルス・ミュー

---

[11]　台湾との関係に対する日本の基本的立場は、外務省の HP によると「1972 年の日中共同声明にあるとおりであり、台湾との関係を非政府間の実務関係として維持している」とのことです。

[12]　福田円『中国外交と台湾——「一つの中国」原則の起源』（慶應大学出版会、2013）は、〈二つの中国〉（中華民国と中華人民共和国）」から〈一つの中国〉の原則に至る台湾問題を巡る中国の政治外交史を浮き彫りにしています。

[13]　当時、中華民国（台湾）と国交があったのは 21 か国でした。現在（2015 年 7 月）は、22 か国ですが、ビザ免除などの待遇がある相手国の数は 148 か国（2015 年 8 月現在）に上ります。

ジックセンター〔アカデミー賞授与式の会場〕で、中華圏の歌手としては初めてワンマンショーを成功させるなど充実したアメリカ生活を送りました。

中華民国の「愛国タレント」鄧麗君と中華人民共和国

中国では1976年に毛沢東[第2章参照]が死去、毛沢東夫人の江青ら〈四人組〉と呼ばれた〈文化大革命〉の首謀者たちが打倒され、文革は終結しました。その後に最高指導者となった鄧小平（1904-97）は〈改革開放〉を推進します。海外の文化が流入し、台湾や香港の歌手のカセットテープも中国本土に持ち込まれるようになり、80年代には、鄧麗君「何日君再来」が大ヒットします。

「何日君再来」（作詞：黄嘉謨、作曲：劉雪庵）は、数奇な運命を辿った歌として知られています。1937年に周璇（1918-57）が歌って以来、黎莉莉（1915-2005）、渡辺はま子（1910-99）、李香蘭［第8章参照］（山口淑子、1920-2014）、鄧麗君と一世を風靡した歌手たちが中国語、日本語で歌い継いできました。中薗英助『何日君再来物語──歌い継がれる歌 禁じられた時代』（七つ森書館、2012）[14]は、日本軍の謀略工作の歌、亡国の歌、〈抗日〉の歌、「黄色」〔エロ〕歌など毀誉褒貶に翻弄されたこの歌の運命を日中関係史上にあぶり出しています。[15]

鄧麗君が歌う「何日君再来」は、文革という国民的悲劇で疲弊した人々の心を潤し、中国本土で爆発的人気を博します。それを知った国民党政府は鄧麗君を政治的に利用することに思い至ります。そこで、不正パスポート事件の翌年、軍の慰問など政

図10-5 『何日君再来物語』

---

14 初版は、河出書房、1988年。
15 貴志俊彦『東アジア流行歌アワー──越境する音 交錯する音楽人』（岩波書店、2013）は、東アジアの流行歌の通史を知るうえで欠かせない一冊です。

第 10 章　一人の歌姫と〈二つの中国〉　テレサ・テンと鄧麗君

府に協力することを条件に不起訴という決定を下しました。

　鄧麗君は、国民党政府の寛大な計らいに中華民国への忠誠心を一層深めます。当時、中国との紛争の最前線であった〈金門島〉を足繁く訪ね兵士たちを慰問したり、金門島からわずか2キロ先に位置する中国大陸に向けて大型スピーカーを使って呼びかけたり、時には軍服に身を包み軍の広告塔として活動し、「**愛国タレント**」〔"愛国芸人"〕と呼ばれるようになります。

　プライベートでは、実業家 **郭孔丞**（ボー・クオック）と 1981 年に婚約を発表するものの、結婚はしませんでした。

　1982 年に中国の〈**人民解放軍**〉空軍兵士が戦闘機で台湾に亡命すると、国民党政府は、鄧麗君に会いたいという彼の要望に応え、鄧麗君同席で記者会見を開きます。また国民党政府は、風船に鄧麗君の曲を録音したカセットテープをつけて金門島から中国にばらまくなど、中国における鄧麗君人気を〈反共産主義キャンペーン〉に徹底的に利用したのでした。

　1983 年、鄧小平は〈**精神汚染批判キャンペーン**〉を推進、「何日君再来」を、反動的歴史を持つ歌として禁止し、鄧麗君のカセットテープも没収の対象としました。中国を席巻する鄧麗君の人気ぶりは、「中国は二人の鄧〔昼は鄧小平、夜は鄧麗君〕が支配する」と言われたほどでした。鄧小平をはじめ中国政府は、鄧麗君の影響力をついに認識したのです。

テレサ・テン日本再デビューと「愛人」イメージ

　テレサ・テンは、1983 年にトーラスレコードに移籍し日本再デビューを果たします。「**つぐない**」（作詞：荒木とよひさ、作曲：三木たかし、1984）、「**愛人**」（1985）、1986 年のレコード大賞受賞曲「**時の流れに身をまかせ**」とミリオンセラーを連発し、紅白歌合戦にも二年連続出場するなど快挙を成し遂げました。[16]

16　日本でのテレサ・テンの活動や詳細なエピソードについては、トーラスレコードでテレサのマネージャーを務めた西田裕司『追憶のテレサ・テン』（サンマーク出版、1996）に詳しく書かれています。

80年代の日本では「**金曜日の妻たちへ**」(TBS、1983)など不倫ドラマが流行します。こうした影響もあり、テレサも、報われない愛人女性を描いた歌を歌いました。**谷川建司**は、「**日本歌謡界におけるテレサ・テンの"愛人"イメージの形成**」[17]において、テレサのヒット曲の歌詞を分析し、「報われないながら献身的に男性を愛し続ける女性」を歌うテレサ・テンを、日本人男性の「ファンタジーとしての愛人」だと指摘し、テレサ・テンの愛人イメージが「宗主国側の男性による植民地の女性への目線」に重なると読み解いています。

図10-6　CD「テレサ・テン　愛人」ユニバーサルミュージック、2013

一方、日本でヒットした曲を「鄧麗君」として、中国語でも歌いました。中国語曲「**償還**」〔「つぐない」〕、「**愛人**」〔「愛人」〕、「**我只在乎你**」〔「時の流れに身をまかせ」〕の中国語の歌詞には、日本で歌われた「不倫」「愛人」イメージはありません〔中国語の「愛人」とは、「恋人」という意味です〕。日本では、旧植民地出身の外国人タレントとして、「不倫」「愛人」を歌ったテレサ・テンでしたが、中華圏の「鄧麗君」はあくまで「歌姫」「アイドル」であり、「華人のシンボル」でした。**古川典代『中国語で歌おう！ 決定版 テレサ・テン編』**(アルク、2008)は、中国語で鄧麗君の曲を歌いたい人にお薦めです。

鄧麗君は自分の歌だけではなく、日本の他の歌手の歌も中国語で歌いました。「**北国之春**」〔「北国の春」〕、「**一片落葉**」〔「津軽海峡・冬景色」〕、「**昴**」〔「昴」〕など多くの日本の歌謡曲のメロディが、鄧麗君の歌声を通してアジアに

17　谷川建司・王向華・呉咏梅編著『サブカルで読むセクシュアリティ──欲望を加速させる装置と流通』(青弓社、2010)所収。

第10章　一人の歌姫と〈二つの中国〉　テレサ・テンと鄧麗君

紹介され、日本の歌が中華圏に入り込んでいく先駆けとなります。[18]台湾ではその後の〈哈日族(ハーリーズー)〉と呼ばれる日本マニアの誕生にもつながっていきます。

幻の天安門広場でのコンサートと天安門事件

　中華圏における鄧麗君の人気はとどまるところを知りませんでした。そこで一度は彼女の楽曲を流通禁止とした中国政府も政治利用する方向に舵(かじ)を切っていきます。『北京青年報』の記者関鍵(グワンジェン)は、当時シンガポールに滞在していた鄧麗君を、突然に電話取材し、「本当にうれしい、北京から電話が来るなんて」と題したインタビュー記事を、〈**中国共産主義青年団**〉の機関誌『中国青年報』に掲載しました。このニュースは瞬(また)く間に海を越え台湾にも広がり、翌日には台湾紙『中国時報』が「鄧麗君『北京』と通話？」と報じます。当時、中国本土との通信の自由がなかった台湾に衝撃を与え、鄧麗君に北京の記者と特別なルートがあるとの疑惑をもたらしたのです。

　中国の積極的な鄧麗君工作は続きます。1986年に**胡耀邦(こようほう)**（1915-89）総書記が鄧麗君の名誉回復を発表、**中国共産党**は、鄧麗君の中国でのコンサート開催の準備を進めました。一方、台湾では1987年の〈**戒厳令解除**〉〔"解厳"。台湾では1949年から戒厳令が38年間発令されていました〕により、言論・表現の自由が拡大し、外省人たちが「里帰り」と称して中国本土の家族を訪問することも許されました。このようにして、台湾の鄧麗君が中国で活動する環境が着実に整えられていきました。鄧麗君の夢であり悲願であった〈**天安門広場**〉［第2章参照］でのコンサートが現実のものになろうとしていたのです。

　しかし、その夢を目前にして、現代中国史最大の悲劇が起きてしまいます。1989年4月、改革派の胡耀邦前総書記の死去を悼(いた)む学生たち主

18　台湾における日本の歌謡曲のカバー曲については、屋葺素子「台湾におけるカバー曲の変容」（谷川建司・王向華・呉咏梅編著『越境するポピュラーカルチャー――リコウランからタッキーまで』（青弓社、2009）が面白く読めます。

催の追悼集会が開かれると、鄧小平は、これは学生運動ではなく動乱であると断定、これに反発した学生、民衆は5月に北京で百万人規模のデモを敢行したのです。

　このようにして始まった中国国内での〈民主化運動〉に対して中国以外に暮らす華僑華人たちも支援活動を始めます。香港でも学生運動を支援するチャリティーコンサートが5月27日にハッピーヴァレー競馬場で企画されました。そして、鄧麗君はそのステージに立ち、「私の家は山の向こう」を歌ったのです。額に「民主萬歳」と書いた鉢巻き、ノーメイクにサングラス、ポロシャツにジーンズという一般民衆の一人という立場を強調した普段着のままの出で立ちで、首からは「反対軍管（軍部支配反対）」と書いた色紙を提げていました。

　楊逸（ヤンイー）(1964-)の芥川賞受賞作『時が滲む朝』（文藝春秋、2008）には、当時の中国本土の学生たちが、テレサ・テンのカセットテープを音が漏れないように注意しながら息を潜めて聴く場面が描かれています。鄧麗君は民主化運動のアイコンともなっていたのです。

図10-7　『私の家は山の向こう——テレサ・テン十年目の真実』文庫版 2007

図10-8　『純情歌姫——テレサ・テン最後の八年間』

　6月4日、鄧麗君の願い虚（むな）しく、天安門広場は「血の弾圧」の現場となります。〈天安門事件〉によって、中国は長期に渡って世界から非難を受け続け、同時に民主化弾圧の道に突き進むことになります。

　当時、中国政府が鄧麗君を政治利用しようとした経緯、鄧麗君が受け

第10章　一人の歌姫と〈二つの中国〉　テレサ・テンと鄧麗君

た天安門事件の衝撃については、**有田芳生『私の家は山の向こう――テレサ・テン十年目の真実』**（文藝春秋、2005）が丁寧な取材によって明らかにしています。また、日本の事務所でテレサの担当を務め、「妹」と可愛がられた**鈴木章代『純情歌姫――テレサ・テン最後の八年間』**（角川書店、2007）は、純粋で愛情あふれる素顔のテレサを描き出し、テレサが5月26日に「学生さんが共産党に殺された」と聞いたことが、当初は不参加予定であったハッピーヴァレーのステージへとテレサを突き動かしたことなどを赤裸々に綴っています。

テレサ・テン／鄧麗君の死

天安門事件は多くの人々を翻弄し運命を変えました。鄧麗君もその一人です。天安門事件以降、喪に服して生活していた鄧麗君は、1989年10月、TBS「**テレサ・テン十五周年スペシャル**」のために10か月ぶりに来日し、新曲「**悲しい自由**」を歌う前に日本語で次のように語ります。

> 私はチャイニーズです。世界のどこにいても、どこで生活しても私はチャイニーズです。だから、今年の中国の出来事すべてに私は心を痛めています。中国の未来がどこにあるのかとても心配しています。私は自由でいたい。そして、すべての人たちも自由であるべきだと思っています。それがおびやかされているのがとても悲しいです。でも、この悲しくてつらい気持ち、いつか晴れる。誰もきっとわかりあえる。その日が来ることを信じて私は歌ってゆきます。[19]

台湾の中華民国と中国大陸の中華人民共和国、〈二つの中国〉に翻弄され続けた鄧麗君は、あえて「チャイニーズ」という言葉を用い、苦しい胸の内をぎりぎりの表現で語りました。

11月、鄧麗君は香港を後にし、パリに向かいます。〈**フランス革命**〉

---

[19] NHKBS「テレサ・テン 歌声は永遠に〜没後20年・アジアをつないだ魂をたずねて〜」（2015年5月8日放送）。

二百周年を記念するフランス政府は、中国からの〈**政治的亡命者**〉を広く受け入れました。民主化運動に携わりパリへと逃れてきた亡命者たちを鄧麗君は支援しましたが、うまくはいきませんでした。失意の鄧麗君はパリでカメラマンの**ステファン・ピュエール**に出逢い、二人は一緒に暮らすようになります。

　天安門広場でのコンサートが夢と消え、心打ち砕かれた鄧麗君は、次第に歌う気力を失っていきます。90年代はヒット曲に恵まれず、91年の紅白歌合戦に出場するものの、歌ったのはかつての曲「時の流れに身をまかせ」でした。次第に、来日回数も減り、94年に仙台で行われた「歌謡チャリティーコンサート」が最後の来日となりました。

　幼少期に患った喘息が再発し体調不良に苦しんだ鄧麗君は、1994年にタイのチェンマイに移り住みます。95年5月8日、鄧麗君はホテルで倒れ、病院に運ばれるも気管支喘息による呼吸困難で息を引き取りました。42歳でした。

　5月28日、鄧麗君の棺は中華民国旗、国民党旗に覆われ、芸能人としては異例の国葬ともいえるような葬儀が挙行されました。

　軍への協力や葬儀が国葬のような扱いだったためか、あるいは終焉の地が国共内戦で北タイに逃げ込み華僑難民となった国民党〈**泰緬孤軍**〉の居住地域と近かったせいか[20]、プライベートがほとんど報じられていなかった鄧麗君の死については、「スパイ説」[21]「暗殺説」など様々な憶測が流れました[22]。

　2010年には「鄧麗君紀念文物館」が台湾南部の高雄に、14年には「鄧

　20　泰はタイ、緬はビルマ〔ミャンマー〕のこと。国共内戦でタイ北部へと逃げ込んだ国民党軍の残党が戦いの末に孤軍となり果てる過程を描いた小説に、柏楊『異域──中国共産党に挑んだ男たちの物語』(出口一幸訳、第三書館、2012)があります。

　21　外省人第二世代である平路の『何日君再来──いつの日きみ帰る　ある大スターの死』(池上貞子訳、国書刊行会、2004)は、テレサ・テンだと思われるある大スターの死の謎に迫った小説です。

　22　根拠のない噂を作った一つが、TBS「情報スペースJ」の特集「テレサ・テン怪死の真相」(1995年10月11日放送)を基にした宇崎真・渡辺也寸志著、『テレサ・テンの真実』(徳間書店、1996)だと思われます。

第 10 章　一人の歌姫と〈二つの中国〉　テレサ・テンと鄧麗君

麗君日月潭紀念文物館」が台湾中部の観光地日月潭（じつげつたん）に開館、鄧麗君が眠る台北近郊の「金宝山霊園」を含め、中国からの観光客の重要な観光地になっています。

テレサ・テン／鄧麗君とは？

　本章では、20世紀後半の東アジアにおいて一歌手の立場を越えて影響力を持ち続けた「テレサ・テン」と「鄧麗君」が背負った運命を見てきました。では、彼女を私たちはどう理解すればよいでしょうか。

　日本における「テレサ・テン」は、外国人タレントであり、演歌歌謡曲の歌手でした。テレサ・テンとしての収入は莫大（ばくだい）で、それが彼女の生活・活動の基盤となっていました。しかし、テレサ・テンとしての彼女は、ヒット曲の歌手として記憶に留められてはいるものの、日本社会においては忘れ去られつつあります。一方、中華圏における「鄧麗君」は、二つの中国の愛国者であり、スターであり、シンボルでもあります。その記憶は薄れることなく、今も華人社会のアイコンとして強く刻み込まれています。ということは、「鄧麗君」こそが真実の姿であり、「テレサ・テン」とは経済的利益を得、商業的に消費されるだけの仮面に過ぎなかったのでしょうか。

　テレサ・テンと同じく国家を背負って活躍してきたフィギュアスケーターの浅田真央選手は、ソチ五輪の後、進退を明言せず休養していました。ようやく現役復帰を決めた際、自分のラジオ番組で[23]、テレサ・テンの「時の流れに身をまかせ」をリクエストし、その心境を次のように述べたのです。「「時の流れに身をまかせ」という言葉を聞いてすごく気持ちが楽になったんです……（中略）……本当に一度きりしかない人生なので悔（く）いなくやり切りたい思いもあります」。

　浅田選手を開放し、現役復帰へと心動かしたのが、「時の流れに身をまかせ♪」と歌う彼女の歌だったのです。それは、「テレサ・テン」／「鄧

23　TBSラジオ「浅田真央のにっぽんスマイル」（2015年5月18日放送）。

麗君」といった区別など関係ない、ただ歌によって人々の心を動かす偉大な力をもった一人の女性がいたということでした。

　テレサ・テン／鄧麗君は、『唐詩三百首』、中国を代表する女性詩人**李清照**(りせいしょう)(1084-1153)の『**李清照詞選**』、現代中国最高の女性作家張愛玲(1920-95)［第6章参照］の『**張愛玲小説集**』を常にバッグに入れて持ち歩いていたそうです。女性が紡ぎ出す言葉を愛していた「アジアの歌姫」は、ただひたすらに歌によって、女性たちをまっすぐに励ましたかったのかもしれませんね。

第 10 章　一人の歌姫と〈二つの中国〉　テレサ・テンと鄧麗君

 読んでみよう・調べてみよう！

1　〈二つの中国〉が誕生した背景について調べてみよう

2　J-POP の中国語カバー曲を調べ、中国語で歌ってみよう

第11章
政治に翻弄される知識人たち

銭鍾書と楊絳

　皆さんが知る「中国」には、二通りあるのではないでしょうか。世界第二位のGDPを誇る超大国としての現在の〈**中華人民共和国**〉と、もう一つは四千年とも五千年とも言われる長い歴史の中の〈**中華**〉世界です。

　中国が社会主義国家を標榜（ひょうぼう）するようになったのは、実はかなり最近のこと。中国は長いこと〈**封建体制**〉（ほうけんたいせい）を敷（し）く王朝国家でした。その長い王朝体制を支えていたのは、〈**科挙**〉（かきょ）という制度です。科挙は簡単に言うと、筆記試験による官吏登用制度です。時代ごとにシステムは若干異

図11-1　魯迅

なりますが、基本的に誰でも受けられる開放性と、答案には姓名を書かせず、受験番号のみで採点するなどの公平性に特徴があり、世界でも類を見ない人材登用試験でした。長い歴史の中で科挙は数々の不正を生み出しましたし、〈**四書五経**〉（ししょごきょう）の暗誦（あんしょう）に始まる詰め込み式の学習方法には、現代的見地からは批判もありますが、隋の時代から清末の1905年まで続く1300年余りもの間、数多（あまた）の文人を輩出しました。中国史に登場する政治家・官僚たちがおしなべて〈**文**〉も〈**詩**〉も能（よ）くし、〈**書**〉にも

精通していたのは、この科挙を経ていたからなのです。科挙については宮崎市定『科挙——中国の試験地獄』（中公新書、1963・中公文庫、2003）を筆頭に挙げるべきでしょう。科挙制度の解説からカンニングの手口の紹介まで、実に興味深い内容であり、時間を忘れて読み耽ってしまうこと間違いなしです。本書を読まずしては、中国の歴史や文化を語れないほどの重要な一冊でもあります。[1]

第4章で紹介された魯迅(1881-1936)も、祖父と父親が科挙合格者であったために、幼少年期には四書五経を覚え、科挙受験に備えていました。しかし、魯迅は早々に科挙の詰め込み式学習方法に見切りをつけ、西欧式近代教育を受けることを選択し、後に短編小説「孔乙己」(1919)や「白光」(1922)を通じて鋭い科挙制度批判を展開しています。[2]

中華民国期や建国初期の中国の知識人の中には、近代的教育を受けながらも、旧い学問や知識のありようを内面化し、実践した人が少なくありません。このことは、科挙の準備のための伝統的教育方法が中国文化に張った根の深さを物語ると同時に、「近代化」とは何かという問題を私たちにつきつけています。本章ではそうした中国知識人の姿を追ってみましょう。

士大夫とは誰か——欧米へ留学したエリートたち

『孟子』滕文公章句上編に「心を労する者は人を治め、力を労する者は人に治められる」とあります。中国古代において、人を治める者、即ち統治者は〈士大夫〉と呼ばれました。〈儒学〉的な教養と学識を身につけ、〈読書人〉とも呼ばれるインテリゲンチアです。読書人像は時代と共に変遷がありますが、常に〈官僚制〉と並べて論じられます。読書＝学問が、科挙の合格とその結果の官僚としての就職に直結し、それが

---

1 宮崎市定には『科挙史』（平凡社東洋文庫、1987）もあります。村上哲見『科挙の話——試験制度と文人官僚』（講談社学術文庫、2000）も好著です。

2 どちらも『阿Q正伝・狂人日記』（竹内好訳、岩波文庫、1955）や『魯迅文集』1（ちくま文庫、1991）で読むことができます。

第 11 章　政治に翻弄される知識人たち　銭鍾書と楊絳

個人の栄達(えいたつ)および一族郎党(ろうとう)の生活の安定をもたらしていたのも事実ですが、その一方で読書人＝士大夫層は、自らの学識教養を統治に活(い)かしてもいました。選ばれし者には、果たさねばならない社会的責任と義務があるということです。これを現代では「ノブレス・オブリージュ」と呼びます[3]。

　明治期の日本に、当時の〈清国〉から選(よ)り抜(ぬ)きの秀才が留学生として学びに来ていたことは第 4 章で見ましたね。ほぼ時期を同じくして、欧米に留学する学生も現れました。彼らはアメリカやヨーロッパで軍事・政治・経済・科学技術などを修め、国家に寄与することが求められていました。〈日清戦争〉における敗北が、清国即ち当時の中国社会に徹底的なダメージを与え、西欧の学問・技術を学ばねば亡国の道を歩むほかないという危機感が国を覆(おお)っていたのです。清国の近代化政策は〈洋務運動(ようむうんどう)〉と呼ばれ、その一環として欧米留学事業もあったのです。そして、1905 年の科挙廃止によって、外国に留学する学生は飛躍的に増加しました。

　欧米留学組の筆頭としては、**孫文**（1866-1925）[4] が挙げられます。孫文は早くも 1879 年に兄がいたハワイに渡り、ホノルルの学校で学んでいます。孫文はここで西洋思想に目覚め、1912 年の〈**中華民国**〉建国の際には臨時大総統として迎え入れられる革命家となったのです。

　1908 年、北京の清華学堂〔現在の〈清華大学〉の前身〕にアメリカ留学のた

図 11-2　胡適

　3　中国の士大夫層の文人については、荒井健『中華文人の生活』（平凡社、1994）があります。
　4　孫文については陳舜臣『孫文』（上・下、中公文庫、2006）があります。これは歴史小説ですが、孫文および孫文が活躍した時代について知るには格好の書と言えるでしょう。

めの予科クラスが設立し、翌年から公費によるアメリカ留学生が派遣されます。これは〈義和団事件〉(1898-1900) の賠償金〈庚子賠款〉を利用した留学制度で、1925 年までに 1031 人の学生がアメリカの大学に派遣され、科学・工学・医学・農学・商学・建築などを学びました。その 1031 人のうちの一人、胡適 (1891-1962) はコーネル大学の農学部に入学、後に文学部に転じ、卒業後はコロンビア大学の大学院でアメリカを代表する哲学者 J.デューイの指導の下、哲学を修めました。自伝に『胡適自伝』(吉川幸次郎訳、養徳社、1946) があります。胡適はアメリカ留学中、「文学改良芻議」(1917) を発表しています。これが陳独秀 (1879-1942) の「文学革命論」(1917) につながり、中国における〈文学革命〉の起点となりました。内容の重視、簡易な表現を主張した胡適の論は、言文一致を喧伝しています。それに呼応する形で書かれ、事実上、中国現代文学の嚆矢となったのが、翌年発表された魯迅の「狂人日記」[5]でした。

その他、この留学制度を利用して渡米した人には、イェール大学とコロンビア大学で経済学と哲学を学び、〈北京大学〉学長在職時に中国の人口増加に警鐘を鳴らした経済学者馬寅初 (1882-1982)、マサチューセッツ工科大学とシカゴ大学で機械工学を学び、後に清華大学学長を務めた梅貽琦 (1889-1962)、ペンシルバニア大学・コロンビア大学などで政治学を学んだ哲学者金岳霖 (1895-1984)、マサチューセッツ工科大学・カリフォルニア工科大学で学んだ航

図 11-3　馬寅初

5　「狂人日記」も『阿 Q 正伝・狂人日記』(竹内好訳、岩波文庫、1955) に収録されています。他、『故郷／阿 Q 正伝』(藤井省三訳、光文社古典新訳文庫、2009) でも読むことができます。

第 11 章　政治に翻弄される知識人たち　銭鍾書と楊絳

空力学者で「中国宇宙開発の父」と呼ばれた銭学森(せんがくしん)（1911-2009）、シカゴ大学で学び、後に米国籍を取得、中国系で初のノーベル賞受賞者となった物理学者楊振寧(ようしんねい)（1922-）がいます。彼らは時代が時代であれば、科挙を受けるよう運命づけられた、言わば「士大夫」層の出身者でした。科挙の廃止を受け、学問を修めるために渡米することになったのです。

『馮友蘭自伝(ふうゆうらん)』（全2巻、吾妻重二訳、平凡社東洋文庫、2007）は中国を代表する哲学者馮友蘭（1895-1990、米国コロンビア大学に留学）の伝記を通じて、20世紀初頭の中国における知識人の近代的教育・学術の受容のプロセスを追うことができます。

ずっと「中華」文明の優越性を信じ、外国人留学生を受け入れることはあっても、その逆はなかった中国社会にとって、欧米の学問の優越性を認めざるを得なかったことは、屈辱だったに違いありません。それは同時に「士大夫」の権威の失墜でもあり、〈知識階級〉と呼ばれる新しい知識人集団の誕生でもありました。[6]

知識階級の「知」のかたち——銭鍾書の『囲城(いじょう)』

1946年、上海で刊行されていた雑誌『文芸復興』に『囲城』という長編小説が連載されました。翌年、単行本としても刊行され、多くの読者を虜(とりこ)にした今なおファンの多い作品です。この作品は1930年代末の中国を舞台に、良心的ではあるが取(と)り柄(え)のないインテリ青年を主人公とした諷刺(ふうし)小説です。西欧留学帰りの新式エリートと旧式知識人の双方が戯(ぎ)画的に描かれており、おふざけたっぷりで抱腹絶倒の〈ピカレスクロマン〉〔悪漢小説〕としても読めますが、中国の近代性および知識人の学術に対する懐疑や自虐的な姿勢が滲(にじ)み出ているのも見て取ることができます。インテリ層を中心とした読者は、その鋭い諷刺の矢を楽しんだり自戒したりしました。英・独・仏・露語に翻訳されたほか、日本語では『結婚狂詩曲』（上・下、荒井健・中島長文・中島みどり訳、岩波文庫、1988）と

---

[6]　佐藤慎一『近代中国の知識人と文明』（東京大学出版会、1996）は近代中国における知識人の文明観・世界観の転換を思想史の中でとらえ、詳細に分析しています。

して刊行されました。

『囲城』を執筆したのは銭鍾書(せんしょうしょ)[7] (1910-98) という学者です。銭鍾書は名門であった清華大学に学んだ後、やはり庚子賠款(こうしばいかん)の留学制度で1935年、イギリスのオックスフォード大学とフランスのパリ大学に留学し、英文学と仏文学を修めました。帰国後は〈西南聯合大学(せいなんれんごうだいがく)〉の教授となり、建国後は中国社会科学院文学研究所で古典文学研究に従事しました。彼が宋代の詩について注釈と解説を施した『宋詩選注(そうしせんちゅう)』(1958)[8] は、当時主流であった〈唯物史観(ゆいぶつしかん)〉を用いていないという理由で批判の対象

図11-4　銭鍾書

となりましたが、日本の著名な中国文学者たちがこぞって絶賛したため、国内の批判の声は勢いを失ったといいます。また、文学理論批評集『談藝録(だんげいろく)』(1948)と古典の書籍に関する読書記録風評論集『管錐編(かんすいへん)』(1979)は、中国古典文学のみならず、西欧の人文学全般にわたる広範な学識教養が盛り込まれ、その驚異的な博覧強記(はくらんきょうき)をもって銭鍾書は「20世紀中国最大の知識人」と称されました。

銭鍾書の名は、中国の人文系学者の間では知らぬ者がないほどでしたが、知名度が全国レベルになったのは、上記の『囲城』がテレビドラマ化された1990年からです。ドラマ『囲城』によって全国に「囲城」ブーム・銭鍾書ブームが沸(わ)き起こり、ドラマは「連続テレビドラマの経典」とま

7　銭鍾書と『囲城』については、藤井省三『中国文学この百年』(新潮選書、1991)や宇野木洋・松浦恆雄編『中国二〇世紀文学を学ぶ人のために』(世界思想社、2003)などが紹介しています。

8　邦訳は『宋詩選注』(全4巻、宋代詩文研究会訳注、平凡社東洋文庫、2004)で読むことができます。

第11章　政治に翻弄される知識人たち　銭鍾書と楊絳

で称されています。

半世紀以上も昔の作品が大好評を博したのは、原作に忠実な脚本と役者たちの活き活きとした演技にあったことは勿論ですが、元々の物語に人を惹き付けるものがあったからです。明らかに西欧の小説の手法を用いながらも、中国人なら誰でも知っている〈典故〉〔根拠となる故事〕をちりばめ、決して読みやすくはない文体の中に、知識人たちの生態を描き、近代中国への辛辣な

図11-5　ドラマ『囲城』VCD、中央電視台等、1990制作、厦門音像出版社出版、1977発行

批判を織り込んだ『囲城』は、1980年に人民文学出版社から刊行されると、版を重ね、現在までに450万部が世に送り出されました。

興味深いのは、数ヶ国語に堪能であったという銭鍾書が、中国古典にも強かったということです。前述の『談藝録』、『管錐編』は古文で記されており、『槐聚詩存』(1995)という詩集はいわゆる漢詩、即ち古典詩の形式を踏襲して編まれたものでした〔第5章参照〕。実は銭鍾書は青少年期に父親から厳しい古典学の指導を受け、古文を書く訓練をし、父親の代筆で書簡や序文を書くほどだったのです。その父親**銭基博**(1887-1957)は若い頃に科挙の最初級段階である県試を受けていましたし、銭鍾書の祖父や母方の一族も科挙合格者ばかりでした。つまり銭鍾書は西欧の学問や思想の洗礼を受けながら、伝統的な旧式の学問にも通じていた中国知識人の典型だったのです。

単純な詰込み型の旧式学問のありようは否定されていますが、中国人の生活の中には故事成語や漢詩が今なお息づいています。伝統は現代の中国人から完全に切り離されたものなどではなく、根強く存在を主張しながら、新たな文化形式の中で蘇りつつあるのかもしれません。

政治に翻弄される知識階級——楊絳の『風呂』

銭鍾書の妻**楊絳**(1911-2016)は、夫よりも早く文壇で活躍し始めまし

た。1940年代上海で劇作家としてデビューしていたのです。短編小説も数編発表していました。彼女は夫と共にイギリス・フランスへ渡り、私費で留学していたため、英仏両国語にも堪能でした。建国後は中国社会科学院文学研究所の外国文学の研究員となり、翻訳・執筆活動に従事しています。独学でスペイン語を習得し、『ドン・キホーテ』を原語から全訳、1978年に刊行しました。

図11-6　楊絳

1940年代を除いて、アカデミズムの世界でのみ活動していた楊絳が、創作家として注目を集め出したのは、1981年の『幹校六記』(中島みどり訳、みすず書房、1985) からです。これは〈文化大革命〉(1966-76)の一時期、河南省の農村に〈下放〉〔文革期に知識人を農村に送り、農業労働に従事させたもの〕していた時の体験録です。農村での慣れない過酷な肉体労働、別の場所で働く夫銭鍾書への思い、農村の現実、農民との交流などが、ユーモアすら感じさせる筆致で淡々と描かれていますが、そこには文革の抱えていた大きな矛盾が滲み出ており、楊絳の人間性への鋭い眼差しが注がれていました。この『幹校六記』は中国本国のみならず、外国でも高い評価を得、楊絳は次々と随筆・回想を発表しました。日本語で読めるものには、『お茶をどうぞ』(中島みどり訳、平凡社、1998) などがあります。

　9　『浪漫都市物語』(JICC出版局、1991) で「ロマネスク」(桜庭ゆみ子訳) を読むことができます。
　10　文化大革命については厳家祺・高皋『文化大革命十年史』上中下巻 (辻康吾監訳、岩波現代文庫、2002) が、また文革と知識人の関係については、丸山昇『文化大革命に到る道——思想政策と知識人群像』(岩波書店、2001) が良いガイドブックになります。
　11　『浪漫都市物語』(JICC出版局、1991) で「叔母の思い出」を、『笑いの共和国』(白水社、1992) で「林ばあさん」(ともに桜庭ゆみ子訳) を読むことができます。

第 11 章　政治に翻弄される知識人たち　銭鍾書と楊絳

　楊絳は 1988 年、長編小説『風呂』(中島みどり訳、みすず書房、1992) も発表しました。北京を舞台に知識人の織り成す喜劇的な恋愛模様を通して、大変革期の中国で方向を見失い、もがいたり、立ち竦(すく)んだりする知識人たちの姿を諷刺的に描き出しています。そして彼らの姿は、建国後の中国の中で居場所を見出せない知識人の自己喪失感、当時の人々が直面していた政治的社会的逼塞(ひっそくかん)感をもあぶり出しているのです。楊絳の『風呂』は直接文革を描いてはいませんが、〈反右派闘争(はんうはとうそう)〉(1957) や文革などの政治キャンペーンの中で、知識人としての矜持を忘れず、絶えず「知識人とは何か」「知識人の役割は何か」と自らに繰り返し問い続けた作者楊絳の真摯(しんし)な姿勢の結実と言えるでしょう[12]。

　中国知識人には、政治キャンペーンの被害者が少なからずいます。その代表とも目されているのが胡風(こふう) (1902-85) です〔第 4 章参照〕。高名な評論家であった胡風は、1955 年に反革命陰謀事件の首謀者とされ、2 回にわたり計 24 年間も投獄されましたが、これはデッチ上げによる冤罪(えんざい)だったのです。李輝『囚(とら)われた文学者たち――毛沢東と胡風事件』(上・下、千野拓政・平井博訳、岩波書店、1996) は、長らく中国社会ではタブーとされていた胡風事件の真相に迫ったドキュメントです。併(あわ)せて、胡風自身の回想『胡風回想録――隠蔽された中国現代文学史の証言』(南雲智他訳、論創社、1997) と妻梅志による『胡風追想――往事、煙の如し』(関根謙訳、東方書店、1991) を読むと、中国の現代史は知識人にとって決して光明(こうみょう)に満ちたものなどではなく、政治にひたすら翻弄され、歩きづらく険しい道であったことがわかるでしょう[13]。

　12　楊絳は『風呂』(原題:『洗澡』)刊行の四半世紀後、続編(『洗澡之後』、人民文学出版社、2014) を発表しました。また、章詒和『嵐を生きた中国知識人――「右派」章伯鈞をめぐる人びと』(横澤泰夫訳、集広舎、2007) は反右派闘争で迫害を受けた知識人の生き様を克明に描き出していますし、陸鍵東『中国知識人の運命――陳寅恪最後の二十年』(野原康宏他訳、平凡社、2001) は硬骨の歴史学者陳寅恪 (1890-1969、ドイツ・フランス・アメリカに留学) の凄絶な生涯を追っています。

　13　中国知識人の生き方を探るには、顧頡剛『ある歴史家の生い立ち――古史弁自序』(平岡武夫訳、岩波文庫、1987)、蕭乾『地図を持たない旅人――ある中国知識人の選択』(上・下、丸山昇他訳、花伝社、1992/1993)、ユエ・ダイユン／C. ウェイクマン『チャイナ・オデッセイ』(上・下、丸山昇監訳、岩波書店、1995) などがあります。

楊絳が2003年に発表した『**別れの儀式——楊絳と銭鍾書**』(桜庭ゆみ子訳、勉誠出版、2011)は、その険しい道を歩き続けた知識人一家の生活の記録です。夫銭鍾書、娘**銭瑗**(1936-97、北京師範大学教授)との楽しかった日々が回顧され、日中戦争や文革の中で家族の絆がより強まっていったさまが描かれており、全編を通して先立った二人への深い愛情が溢れています。「私は今、我が家を探し求めるその途上にある」というラストの一文は、家族と別れ、一人静かに老境にある知識人楊絳の魂の声であり、読み手の心を打たずにはいません。

図11-7　楊絳・銭瑗・銭鍾書

　本章で見てきたように、20世紀中国の知識人たちの「知」のありようは、旧来の伝統的学問と新しい西欧型の知識・思想との葛藤と融合の中にありました。彼らの平坦であるとは到底言えない歩みからは、中国の「伝統」の壁の高さと「近代化」の扉の重さを感じ取ることができるのではないでしょうか。

第11章　政治に翻弄される知識人たち　銭鍾書と楊絳

 読んでみよう・調べてみよう！

1　科挙について調べ、併せて魯迅の「孔乙己」「白光」を読み、中国における科挙の功罪について考察してみよう

2　『結婚狂詩曲』を読み、旧来型知識人と新式の知識人がそれぞれどのように描かれているか、分析してみよう

3　『風呂』『別れの儀式』を読み、中国の知識人がおかれた社会的状況について話し合ってみよう

第12章
苦悩する自由派知識人

劉暁波が投げかける問い

中国人初！のノーベル平和賞受賞。だが……

2010年、中国はGDP〔国内総生産〕が世界第二位になりました。年間二桁という驚異的な経済成長を記録し、世界的な金融危機からもいち早く抜け出すことに成功した中国は、海外からは我が世の春を謳歌しているように見えました。その強大な国力に引きずられるかのように、〈ノーベル平和賞〉が中国の民主活動家・劉暁波（1955-）に贈られることが発表されました。中国にとっては初めての、そして待望のノーベル賞受賞者が出現した、はずでした。

図12-1　劉暁波
（写真提供：dpa/時事通信フォト）

しかしながら、なぜか中国政府は反発し、ノーベル賞委員会のあるノルウェーとの間に緊張が走りました。劉のノーベル賞受賞に対する中国政府の拒絶反応はすさまじいものがあ

1　劉の受賞より前の1989年、インドに亡命して政治難民となり後にチベット亡命政府の元首となったチベット仏教の指導者・ダライ・ラマ14世［第13章参照］がノーベル平和賞を、また2000年には、中国生まれの小説家・高行健（1940-）が、ノーベル文学賞を受賞しています。しかし高はフランス国籍を取得した、中国にとって反体制作家でした。このため「中国人」としての受賞は、劉が最初ということになります。

り、「犯罪人への授賞は、内政干渉」といった政府関係者の発言が報じられました。

中国政府は当初劉のノーベル賞受賞を国内に知らせませんでしたが、途中から一転して劉への個人攻撃を開始しました。妻の劉霞(りゅうか)を北京の自宅で監視下に置き、現在もなお事実上の軟禁(なんきん)状態にあるのです。

図12-2　空席の椅子
（写真提供：AFP＝時事）

そして世界中が注目した授賞式当日、劉本人が会場に姿を見せることはありませんでした。1991年の**アウンサン・スーチー**以来という本人不在の授賞式の写真には、本来ならば劉が座るはずだった、主のいない空席の椅子が写っています。椅子の上には、主のいないメダルと、花束が置かれていました。

それにしても劉は、ノーベル賞の授賞式を欠席して、何をしていたのでしょうか。実はこのとき、彼は「国家政権転覆扇動罪(てんぷくせんどう)」という罪名により、中国東北部・遼寧省の刑務所に服役中だったのです。それも本人にとっては、2回目の長期刑であり、自宅軟禁も含めれば4回目の拘禁(こうきん)という想像を超えるものです。どうして中国は、この知識人をそこまで憎み恐れ、拘束しようとするのでしょうか。

その背景には、中国の民衆の間に燻(くすぶ)る不満があると考えられます。〈市場経済〉に舵(かじ)を切ってから30年が経ち、拡大する一方の経済格差や公

2　中国国内の情報規制は厳しいものでしたが、一部の気骨あるマスコミが政府に抵抗の意思を示します。中国・広東省の新聞『南方都市報』は、第一面に「誰も座らない」空の椅子と鶴（「鶴」は中国語で祝賀の「賀」と同音）の写真を掲載しました（福島香織『中国のマスゴミ――ジャーナリズムの挫折と目覚め』扶桑社新書、2011、第4章を参照）。このときの『南方都市報』第一面は広州アジア大会パラリンピックの開幕を知らせるものでしたが、その記事とまったく関係のない、椅子に鶴の写真が掲載されたのです。

3　谷口玲子「劉暁波の空の椅子」（「アムネスティ通信」http://www.joho.or.jp/wp/wp-content/uploads/downloads/2011/07/p215.pdf）を参照。

第 12 章　苦悩する自由派知識人　劉暁波が投げかける問い

務員の腐敗の蔓延(まんえん)、無理な都市計画、急速な工業化に伴う環境汚染など、民衆の不満が積み重なり、支持を失い政権基盤が揺らぐことを危惧した〈中国共産党〉中央が封じ込めを図っているといった事情があるとされています。[4] さらに習近平体制に移行してから、〈言論の自由〉はこれまで以上に制限されているとの報道もなされているのです。

すべては天安門から始まった

さて、ここで少し時間を遡(さかのぼ)り、現代中国における知識人と言論の自由についてその歴史を簡単に辿(たど)ることにしましょう。

1949 年 10 月、中央人民政府主席〔中国の国家元首〕の**毛沢東**〔第 2 章参照〕が、北京で〈**中華人民共和国**〉の成立を宣言しました。このとき毛が登壇し、人々

図 12-3　天安門広場から天安門を望む
(撮影:中野知洋)

の前にその姿を見せたのが、清朝の宮殿・〈**紫禁城**(しきんじょう)〉の正門である〈**天安門**〉です。天安門は、その造形の豪華さによって、中国の象徴として国威を発揚し、同時に国内の民衆を威圧するに十分なものです。毛はまさにその権威の象徴の上で、目の前に広がる〈**天安門広場**〉の大群衆に向かって、高らかに建国を告げたのです。

毛はその後も政治の舞台として天安門を利用します。1966 年、〈**文化**

4　政治・経済・外交など各分野の第一線の中国研究者による国分良成編『中国は、いま』(岩波新書、2011)は現代中国の抱える様々な問題を概観するのに便利な本です。また中国の社会問題を民衆の立場から告発した書で読みやすいものとしては、NHK スペシャル取材班『激流中国』(講談社、2008)、興梠一郎『中国 目覚めた民衆——習近平体制と日中関係のゆくえ』(NHK 出版、2013)、福島香織『中国絶望工場の若者たち——「ポスト女工哀史」世代の夢と現実』(PHP 研究所、2013)、同『中国複合汚染の正体——現場を歩いて見えてきたこと』(扶桑社、2013)、麻生晴一郎『変わる中国——「草の根」の現場を訪ねて』(潮出版社、2014)、阿古智子『【増補新版】貧者を喰らう国——中国格差社会からの警告』(新潮社、2014)などがお勧めです。

大革命〉が発動された際には、主に高校生を動員して組織された〈紅衛兵〉が天安門広場に集結し、赤い表紙の『毛主席語録』（日本語訳は『毛沢東語録』、竹内実訳、平凡社ライブラリー、1995）を掲げて、共産党主席の毛に忠誠を誓いました。[5] また文革後の1978年には、国民が尊敬をよせる首相**周恩来**（1898-1976）死去の知らせを聞いて、人々が天安門広場に集まりました。これを政権への批判と捉えた党中央は、参加者を強制排除し、多数の逮捕者が出ました（〈第一次天安門事件〉）。この事件をきっかけに、北京では〈民主化〉を求める市民の声が高まるようになりました。「北京の春」と呼ばれるそのムーブメントは、しかしリーダーの**魏京生**（ぎきょうせい）（1950-）の逮捕・投獄によって萎んでしまいます。[6]

図12-4　ジャック・チェン『文化大革命の内側で』小島晋治・杉山市平訳、筑摩書房、1978

5　文化大革命の大衆動員の過酷さを美しい映像で再現した張芸謀監督の映画『妻への家路』（2014、厳歌苓の同名の小説が原作）がお勧めです。さて、今なお根強い人気を誇る毛沢東ですが、なぜ彼が民衆の支持を集めているのかと言えば、それは「平分の思想」という中国の伝統思想に根ざしていると指摘する梶谷懐『日本と中国、「脱近代」の誘惑――アジア的なものを再考する』（太田出版、2015）を参考にしてください。梶谷によれば、中国の〈公／私〉は西洋の〈public/private〉と異なり、私有財産などに代表される〈私〉は「本来はみんなで分け合うものを独り占め」する邪なもので、一方毛のような政治家を民衆は「特権を持ったものが抱え込んだ富」を均等に配分してくれる〈公〉の体現者と見なす、伝統的な思想があります。毛の人気は、そうした中国の道徳的善悪観を反映しているというのです。しかし文化大革命のような大衆動員、すなわち究極の民主とも言える民衆の直接行動が〈公〉を実現したと僭称する野心的な政治家の専横に錦の御旗を与えてしまうジレンマをどのように解決するのか、梶谷が投げかける問いには「民主」が根源的に抱える問題を照らしているように見えます。また梶谷が依拠した溝口雄三『中国の公と私』（研文出版、1995）も読んでみましょう。

6　「北京の春」の象徴的な存在とも言える文芸誌『今天』を発行した朦朧詩派の反体制詩人・北島（ベイダオ）（1949-）は、魏の釈放を求める公開書簡を発表しましたが、天安門事件の直前に出国しました。魏京生『中国民主活動家の証言』（尾崎庄太郎訳、日中出版、1980）を参照してください。

第12章　苦悩する自由派知識人　劉暁波が投げかける問い

　1980年代、旧ソ連邦が解体し、東ヨーロッパを中心とする共産圏の国々は次々に共産主義を放棄して、資本主義国家の建設に着手します。中国は、その混乱を横目に見ながら、1976年の毛沢東の死後、**鄧小平**（1904-97）の指導の下〈**改革開放**〉を合い言葉に〈**社会主義市場経済**〉という新しい社会モデルを模索し始めました。改革開放に対する人々の期待が膨らむにつれて、民主化を求める動きも活発になってゆきます。しかしそうした自由を求める声に党の姿勢は強硬で、ジャーナリストの**劉賓雁**[7]（1925-2005）や物理学者の**方励之**[8]（1936-2012）といった人々が、国を捨ててアメリカに亡命する道を選びました。

図12-5　ハリソン・E・ソールズベリー『天安門に立つ』三宅真理・NHK取材班訳、日本放送協会、1989

　そのような中で、いわゆる〈**第二次天安門事件**〉（以下本章では「天安門事件」と称する。中国では事件が発生した日にちなんで「六四」と呼ばれることが多い）が発生しました。事件の発端は、鄧小平の右腕として改革開放政策を推進した中国共産党総書記の**胡耀邦**（1915-1989）の死去に遡ります。当時保守派の攻撃を受けていた胡は辞任し、失意のままこの世を去りました。胡は民主化運動にも理解があり、また日中友好にも熱心に取り組んだことで知られる開明的な指導者でした。[9] 1989年4月、胡の追悼集

　7　劉賓雁の天安門事件に関する発言については、劉他『天安門よ、世界に語れ──6月4日・中国の危機と希望の真実』（鈴木博訳、社会思想社、1990）があるほか、『劉賓雁自伝──中国人ジャーナリストの軌跡』（鈴木博訳、みすず書房、1991）を参照してください。

　8　方励之『中国よ変われ──民主は賜わるものではない』（末吉作訳、学生社、1989）、刈間文俊他『立ちあがる中国知識人──方励之と民主化の声』（凱風社、1989）を参照してください。

　9　今ではあまり知られていないことですが、天安門は、一時日中友好の架け橋になったこともありました。1988年7月、胡の招きで、日本の青年による訪問団が中国を訪れ、この天安門に登ったのです。

会に端を発して、民主化を求める学生運動に火が付きます。学生は対話による民主化を主張しましたが、6月4日未明、天安門広場に集結した市民に対し共産党は軍隊を投入、大量の戦車などの火器(かき)を用いて広場を制圧したのです。「血の日曜日事件」と称されることもあるこの事件の犠牲者数は今なお不明のままですが、中国当局の発表では300名余、新聞各紙の報道では2000人とも3000人とも伝えられています[10]。

天安門事件の結果、多くの人権派知識人が指名手配され、海外に亡命しました。学生リーダーとして名を上げた当時20歳の**王丹**(おうたん)[11](1969-)、**柴玲**(さいれい)[12](1966-)、広州の学生運動に携わった**陳破空**(ちんはくう)[13](1963-)など多くが、海外に亡命しました。アメリカに亡命し、ハーバード大学で歴史学の博士学位を取得した王のように、彼らはいずれも高い知性を備えた、改革開放後の中国社会の発展になくてはならない人材のはずでした。

文学者もまたこのときの民主化運動に深く関与しています。小説『**古井戸**』(藤井省三訳、宝島社、1990)な

図12-6　鄭義
(写真提供:共同通信社)

10　天安門事件については、『岩波現代中国事典』(岩波書店、1999、913頁)に総括的な解説があるほか、詳細な資料集として矢吹晋編著『天安門事件の真相』(蒼蒼社、1990)、また比較的新しいものでは『天安門文書』(長良編、山田耕介他訳、文藝春秋、2001)などがあります。

11　王丹の母親が、離れ離れに暮らす息子に当てた手記に王凌雲『王丹!』(加藤礼子他訳、小学館、1990)があります。

12　譚璐美『柴玲の見た夢——天安門の炎は消えず』(講談社、1992)。

13　陳破空も2度の投獄の末、アメリカに亡命し、現在では政治評論家として活躍しています。陳の中国政治体制批判としては、『赤い中国消滅——張子の虎の内幕』(扶桑社新書、2013)などをご覧ください。

第 12 章　苦悩する自由派知識人　劉暁波が投げかける問い

どで知られる**鄭義**(1947-)は、この天安門事件に先立つ民主化運動の指導者です。天安門事件の後３年もの間農村などに潜伏して肉体労働に従事しながら、当局の目を逃れて暮らします。『中国の地の底で』(藤井省三訳、朝日新聞社、1993)は、妻に当てた手紙の形式で、逃亡中の思想の歴程を記した書です。また劉より先にノーベル賞を受賞した小説家の**高行健**は、欧州訪問中滞在先のフランスで事件を知り、そのまま中国に帰ることはありませんでした。[14] 出国して欧州を流浪中の**北島**は、同士とともに反体制的文芸誌『**今天**』をノルウェーで復刊します。ただ、そうしたリーダーたちが海外移住や服役といった形で姿を消すと、中国国内においても、また国際社会においてもこの事件に関する記憶は急速に薄れてしまったようです。[15]

民主化のうねりと『08 憲章』

実は、劉暁波は、この天安門事件で民主化を唱えた学生リーダーの一人でした。事件の際には学生を導いてハンガーストライキを実施し、逮捕されました。これまで見てきたように、多くの民主化リーダーが国外に去る中で、中国に残ることを選択し、不屈の精神によって民主的な国を作ることを訴え続けたのが、他ならぬこの劉だったのです。[16]

もともと中国が国是とする〈共産主義〉は、〈労働者階級〉による統治を理想とする全体主義的な性格を備えたものですから、個人主義や自由主義とは相容れない側面を持っています。例えばまだ日本と戦争中だった時期、共産党の〈革命根拠地〉〈延安〉では、1942 年、共産党支

14　天安門事件を主題とした高の戯曲「逃亡」は、極限状態に置かれた人間を、高の想像力で描いた作品です。瀬戸宏による二種類の日本語訳があります(『中国現代戯曲集』第一集、晩成書房、1994、及び藤井省三編『現代中国短編集』平凡社、1998)。

15　国外に亡命した民主化リーダーのその後の足取りを追った出色のルポルタージュに翰光『亡命――遥かなり天安門』(岩波書店、2011)があります。記録映画『亡命』(翰光監督、シグロ、2010)と併せてご覧ください。

16　劉の著作は、『現代中国知識人批判』(野澤俊敬訳、徳間書店、1992)、『最後の審判を生き延びて――劉暁波文集』(廖天琪他編、丸川哲史他訳、岩波書店、2011)などにまとめられています。

配の負の側面を批判した丁玲（1904-86）や王実味（おうじつみ）（1906-47）といった作家たちが批判にさらされ、命を奪われた者も多数に上りました。

　一部の政治家に権力が集中し、一般の民衆の参加が許されないという状況がなかなか解消されない背景には、中国では従来、一部の「賢人」が民衆に代わって独占的に政治を執るべきだという、伝統的な考え方〔〈善政主義〉〕が根強く残っているからとも考えられます[17]。

　劉の活動の中で、とくによく知られたものに『08憲章』の立案というものがあります。2008年12月、世界人権宣言公布60周年を前に、中国の著名な民主派知識人303人が連名で発表した自由と人権、平等、憲政、三権分立などを求めた一種の〈人権宣言〉です[18]。2008年には、北京でオリンピックが開催されたこともあり、民主化への希望がかすかに膨（ふく）らんだ時期であったと思われます。しかしながら、事態を重く見た当局は閲覧を禁止し、次々とサイトを封鎖（ふうさ）するといった厳しい対応で臨みました。そして首謀者である劉に対して、前述の国家政権転覆扇動罪という罪名を与えて、実に11年もの長期徒刑（とけい）を科（か）したのです。

「私には敵はいない」

　諸外国との見解が鋭く対立する中国の内政問題を、海外からの視点で一方的に断罪することはできません。共産党の一党支配を拒（こば）む劉の思想が中国政府にとって容易に受け入れられるものではないことは、我々にも想像できるところですし、また注意しなければならないのは劉に代表

17　横山宏章『中華民国──賢人支配の善政主義』（中公新書、1997）を参照、同じ著者の『中国の愚民主義──「賢人支配」の100年』（平凡社新書、2014）には劉暁波への言及もあります。また「中国は中国であるがゆえに、民主化しないのだ」という側面があることを説いた、気鋭の中国ウォッチャー、安田峰俊『知中論──理不尽な国の7つの論理』（星海社、2014）には、そうした中国独自の政治システムや思考様式を日本人がどのように理解すべきか、有益な指摘が盛りだくさんです。

18　「08憲章」全文の日本語訳は、『天安門事件から「08憲章」へ──中国民主化のための闘いと希望』（劉燕子編、藤原書店、2009）に収録（及川淳子訳）されているほか、http://www.a-daichi.com/freetibet/charter08/ などネット上でも読むことができます。同書の訳者注記によれば、「08憲章」への署名者は、最終的に9700名を超えたとのことです。

第 12 章　苦悩する自由派知識人　劉暁波が投げかける問い

される西洋型の「民主主義」の思想が、中国で大きな支持を集めているかと言えば、そうとも言い切れないという点です。意外なことに、中国の憲法においても、「法治」「自由」「人権」「裁判の独立」などが定められています。[19] また中国にも「民主」という言葉があります。しかしそ

図 12-7　駅の柱に書かれた「民主」
（撮影：中野知洋）

れは、労働者たちに平等に権利が行き渡ることを意味するいわゆる〈**社会主義民主**〉というものです。そうした憲法の条文よりも、人々が憲法をどのように運用して来たのかといった歴史と風土を無視して我々の目の前にある現実を理解することは不可能です。それでは、劉が共産党と和解の希望を見出すことは困難なのでしょうか。

　ここで話題をノーベル賞の授賞式に戻すことにしましょう。出席を許されなかった受賞者に代わって、授賞式では「私には敵はいない──最後の陳述──」と題する劉の文章が代読されました。[20] 裁判の判決を待つ劉が獄中で記した手記と言われています。それは、以下のようなものです。

　　私には敵もおらず、憎しみもない。私を監視、逮捕した警察も検察も、判事も誰も敵ではないのだ。私は、自分の境遇を乗り越えて国の発展と社会の変化を見渡し、善意をもって政権の敵意に向き合い、愛で人間の憎しみを溶かすことができる人間でありたいと思う。
　　（中略）
　　私の心は、いつか自由な中国が生まれることへの楽観的な期待に

19　高橋和之編『新版　世界憲法集　第二版』（岩波書店、2012）。
20　前掲『最後の審判を生き延びて──劉暁波文集』、及び『「私には敵はいない」の思想──中国民主化闘争二十余年』（藤原書店、2011）に収録されています。

あふれている。いかなる力も自由を求める人間の欲求を阻(はば)むことはできず、中国は人権を至上とする法治国家となるはずだ。(中略)

　私は私の国が自由に表現できる大地であってほしいと思う。そこでは異なる価値観、思想、信仰、政治的見解が互いに競い合い、共存できる。(中略)表現の自由は人権の基であり、人間らしさの源であり、真理の母である。言論の自由を封殺することは、人権を踏みにじることであり、人間らしさを窒息させることであり、真理を抑圧することである。

〈基本的人権〉という考え方が普遍の真理であるという教育を受けてきた日本人にとって、劉の発言は至極ありふれたものにすぎないと感じられるかもしれません。しかし、政府の不当な圧力を拒否しつつも、権力を（その多くは暴力という形で）行使する者に対する憎しみを放棄するという境地に到達しているところに、シンプルに見える劉の思想の強くしなやかな側面を認めるのは筆者だけではないと思われます。長期間の拘束にも屈しない精神の強靱(きょうじん)さを解く鍵は、この「罪を憎んで人を憎まず」といった独自の思考様式にあるのではないかと思うのです。

　詩人として詩の創作に従事したこともある劉はまた、「文学は自由と民主化のための道具でなければいけない」とも語っています。実のところ、文学をある目的を遂げるための手段と見なす彼のそうした文学観は、芸術を純粋に鑑賞する、いわゆる芸術至上主義とは対極にあるものです。このように言われれば劉にとっては不満かもしれませんが、文学を革命のための宣伝の道具と見なす中国の伝統的な〈革命文学〉論と通じるところがあるように思われてなりません[21]。その意味で筆者は、必ずしも劉のこの文学観に全面的に賛同するものではありません。しかしながら、劉の強靱でしなやかな思想は、今日の言論の規制や経済統制など硬直化が目立つようになった中国においてますます必要性が高まっていると考

21　例えば李初梨「いかにして革命文学を建設するか」(『文化批判』第2号、1928年2月。日本語訳は『資料世界プロレタリア文学運動』第二巻、三一書房、1973)。

第 12 章　苦悩する自由派知識人　劉暁波が投げかける問い

えざるを得ないのです。いつの日にか、文学は文学のためにある、芸術のための芸術であると安心して唱えることができるようになったときにこそ、中国が真に民主的で自由な社会を築くことができたとも言えるのかもしれません。

莫言(ばくげん)のノーベル文学賞受賞

　劉の受賞の後、2012 年には『赤い高粱(コーリャン)』（井口晃訳、岩波現代新書、2003）、『豊乳肥臀(ほうにゅうひでん)』（上・下、吉田富夫訳、平凡社ライブラリー、2014）などの小説で知られる莫言(ばくげん)(1955-)が、ノーベル文学賞に選ばれ、彼はスウェーデンのストックホルムでの授賞式に出席しました。その受賞は中国国内でも祝福を受けました。莫言の作風は、〈魔術的リアリズム〉とも称される特異な文体で、生まれ故郷の山東省高密県をグロテスクに描き込んでゆく点に特徴があります。他の追随を許さない現代中国の最高峰に位置する作家であるということについては衆目の一致するところでしょう。しかしその反面、〈亡命作家〉・高行健［本章注 1 参照］の場合と大きく異なるのは、莫言が共産党の体制に異を唱えることのない、いわゆる〈体制内作家〉である点にあるとも言われています。中国知識人にとって、莫言のように現在の体制と共存する道を歩むのか、亡命作家として海外から発信する方途(ほうと)を探るのか、またあるいは劉のように体制に抗(あらが)ってでも自らの信念を貫くのか、いずれの道を選んでもその行く手に大きな困難が立ちはだかっていることは誰の目にも明らかです。彼らは、進む道は異なっても、いずれも中国という巨大なブラックボックスと対峙(たいじ)し、切り結び、もがきながら、新たな未来を切り開こうとしているのです。[22]

　天安門事件から四半世紀の歳月が流れ、多くの人々を巻き込んだ混乱と流血の悲惨な記憶も次第に薄れつつあります。しかしながら、中国政

22　体制内にあると言われるジャーナリストが中国の社会問題に警鐘を鳴らしたものに、柴静『中国メディアの現場は何を伝えようとしているか ── 女性キャスターの苦悩と挑戦』（鈴木将久他訳、平凡社、2014）があります。少しずつであってもよりよい社会を作ろうとする意識は、中国の中にも芽生えていると思われます。

府の対応を見る限り、遠い昔の出来事という意識はないようです。中国では事件の記憶を呼び起こすことにつながる報道やネットでの言論を規制し続けています。また、政府に対して批判的な立場の弁護士や研究者、宗教団体などに対する政治的な圧力も、かつてないほど過酷になっているとも伝えられています[23]。

　一方、中国政府から地理的に遠く、歴史的にも民主的な政治を求める気風の強い〈香港〉では、大学生など市民を中心に路上でプラカードを掲げてデモを行い、〈公選制〉を認めようとしない中国政府に対して怒りの声を上げました［第9章参照］。しかし近年、その香港も中国の主張を代弁する新聞等のメディアが多数を占めるようになり、また中国政府に批判的な書籍を扱う香港の書店の関係者が突然中国の公安当局に拉致・監禁され、長期間の尋問を受けるという事件が発生するなど、香港市民の自由と民主を保証するはずの〈一国二制度〉が重大な危機に瀕しています。世界が注目する中国の言論の自由と人権の問題は、海を隔てて対峙する日本にとっても切実な問題となっています。私たちも一度立ち止まって、「私には敵はいない」という劉の思想について考えてみることが大切なのではないかと思います。

23　福島香織「天安門事件 25 周年前の圧政 ――「中国的教父」が人権派に厳罰、広がる絶望感」（http://business.nikkeibp.co.jp/article/world/20140512/264372/）。

第 12 章　苦悩する自由派知識人　劉暁波が投げかける問い

 読んでみよう・調べてみよう！

1　「自由」「平等」といった西洋流の人権思想は、そのまま中国に当てはめることができるものでしょうか。それとも中国の歴史や文化に根ざした、独自のルールに基づく〈人権〉を創出すべきなのでしょうか

2　目の前に迫る暴力に対抗するために、言論という手段はどこまで有効なものと言えるでしょうか

3　暴力によらない〈抵抗〉について考えてみよう

第13章
幻想と政治のはざまで

ダライ・ラマのいないチベット

ダライ・ラマのいないチベット

〈ダライ・ラマ〉とは、〈チベット仏教〉で観音菩薩の化身とされている、高位の僧の通称です。「ダライ」とはモンゴル語で「大海」を、「ラマ」とはチベット語で「師」を意味します。〈輪廻転生〉、すなわち人間の肉体は滅びても、魂は受け継がれると考えるチベット仏教では、ダライ・ラマは転生すると信じられています。

夏、チベット暦の6月30日になると、ショトゥン〔ヨーグルト祭り〕という祭典がチベットの首都〈ラサ〉でおこなわれます。寺院では巨大なタンカ〔仏画〕が開帳され、ダライ・ラマの夏の離宮で〈アチェ・ラモ〉[1]

図13-1 アチェ・ラモ『天翔ける祈りの舞——チベット歌舞劇アチェ・ラモ三話』書影より

という歌舞劇が上演されるこの祭りには、チベット内外から多数の巡礼者や観光客が集まります。

2002年8月、この祭典に参加したときのことです。アチェ・ラモは六日間、朝から晩まで断続的に演じられ、相撲の土俵のような丸い舞台の周りをぐるりと囲み、地面に座って見ます。チベットの人びとは、食べ物や飲み物、それに座布団持参で、午前8時頃には場所取りに来ます。

---

[1] アチェ・ラモについては、『天翔ける祈りの舞——チベット歌舞劇アチェ・ラモ三話』(三宅伸一郎、石山奈津子訳、臨川書店、2008)に脚本と解説が収録されています。

それからほぼ十時間座りっぱなしで、食べたり飲んだりしながら観劇するのです。

ある朝、まだ祭壇も設置されていない静かな舞台の脇で、ダライ・ラマの離宮に向かって〈五体投地(ごたいとうち)〉を繰り返すチベットのおばあさんを見ました。五体投地とは、両手・両膝・額の五つを地につけて拝礼することで、仏教徒が最高の敬意をあらわすものです。すべての劇は、常に離宮に向かって演じられます。したがって、宮殿の前に座るのが観客席としてはもっとも見やすいのですが、ダライ・ラマにお尻を向けることになるその位置に、決して座ろうとしない人もいます。「あの方はいないけれど、規則はまだ失われていないのだ」と、説明されました。

1959年3月、**ダライ・ラマ14世**(1935-)はチベットのラサからインドに向かい、〈**ダラムサラ**〉に亡命政府を樹立しました。そのきっかけとなった事件が起きたのも、この離宮ノルブリンカです。〈**中国人民解放軍**〉の演劇鑑賞に14世が招待されると、その身を案じたチベットの民衆が宮殿に集まり、人民解放軍との間に衝突が発生しました。〈**チベット動乱**〉〔中国では「チベット叛乱平定」〕と呼ばれるこの事件を境に、現在までつづく、ダライ・ラマのいないチベットが始まったのです[2]。

チベット文化圏とチベット自治区

現在のチベットは、ダライ・ラマ14世の亡命により、北インド・ダラムサラにあるチベット政府〈**ガンデン・ポタン**〉[3]と、かつてダライ・ラマのいたチベットに分かれている状況です。後者は中華人民共和国に統治され、チベット(西蔵)自治区・青海省(せいかい)・甘粛省(かんしゅく)・四川省・雲南省という行政区分に分割されています。チベットといえば、ラサのある〈**チ**

---

2 ダライ・ラマ14世の亡命については、ジョン・F・アベドン『雪の国からの亡命——チベットとダライ・ラマ 半世紀の証言』(三浦順子他訳、地湧社、1991)が、ダライ・ラマ側の視点から詳細を記述しています。

3 チベット政府の正式名称は「ガンデン・ポタン・チョクレー・ナムギャル」といい、1642年に成立、歴代のダライ・ラマが統治していました。1959年3月、ダライ・ラマ14世が亡命した後は、「チベット亡命政府」、「チベット人民機構」などと通称されています。

第 13 章　幻想と政治のはざまで　ダライ・ラマのいないチベット

ベット自治区〉がよく知られていますが、実際の〈チベット文化圏〉は自治区内にとどまらず、その広さは中国の約四分の一にあたります。

　チベットは、世界地図のアジア中央部に位置しています。その文化圏は大きく分けて、西部の〈ガリ〉・北東部の〈アムド〉・東部の〈カム〉・中央部の〈ウ・ツアン〉と、およそ250万平方キロメートルにわたり広がっています。チベット文化圏は、地方ごとに方言が異なり、ラサを中心とするウ・ツアン地方の方言がもっとも通用しています。一方、文字は一種類に限られており、チベットの文字文化を統一する役割を果たしています。1949年以降、チベットは中国の一部となりました。そのため、中国の標準語である〈普通話〉を話すチベット人も増えています。

図13-2　チベットの文字
（出典）SERNYA編集部／チベット文学研究会『チベット文学と映画制作の現在　SERNYA』東京外国語大学アジア・アフリカ言語文化研究所、2013

　チベットにとって、1949年は大きな歴史の転換点といえるでしょう。現在、ダライ・ラマ14世を長とするチベット政府と、〈中国共産党〉政府の歴史認識は異なっています。49年以降のチベットと中国の関係は、チベットから見れば「併合」であり、中国から見れば「解放」です。チベットの外側にいるわたしたちが、この問題を考えるためには、チベットについて語られているさまざまな言葉や、人びとの声に耳を傾ける必要があります。まず、49年にいたるまでのチベットの歴史を眺めてみましょう。

チベットの近代

　2016年、チベット暦では2143年を迎えました。チベットは紀元7世紀に、**ソンツェン・ガンポ王**[4]の統治のもと、強大な統一国家として隆盛

4　ソンツェン・ガンポ王について書かれた古典的な歴史物語に、ソナム・ギェルツェン『チベット仏教王伝──ソンツェン・ガンポ物語』（今枝由郎監訳、岩波文庫、2015）

します。この頃、ネパールと〈唐〉の王室は、皇女をソンツェン・ガンポ王に嫁がせました。唐から嫁いだのが**文成公主**です。

1240年、モンゴル王はチベットとの間に、施主が僧侶に帰依するという関係を結びます。〈元朝〉の世祖**フビライ・ハーン**〔クビライ〕もチベット仏教を受け入れ、仏教を国教とします。モンゴルとチベットの関係は、元朝滅亡後も続き、〈清朝〉の皇帝と歴代ダライ・ラマとの間にも受け継がれていきました。

チベットに内乱や外国の侵入がしばしば発生した清の時代、清はチベットの要請により数回派兵し、騒乱を鎮圧しています。しかし、清の衰退にともない、両者の関係は国際政治の影響を受けて変わっていきます。

18世紀末より、イギリスはチベットとの通商に関心を寄せ始めました。やがて19世紀から20世紀初頭にかけて、英領インドの保持に注意を払うイギリスと、南下政策を進めるロシアの思惑の重なる地域として、チベットが国際的に重要視されます。しかし、**ダライ・ラマ13世**(1876-1933)は独立を貫いたため、イギリスは清との間に条約を取り交わし、1903年、チベットに侵攻します。その後、チベットは清からも侵攻を受け、両者の間に分裂が生じました。1910年、清はダライ・ラマの廃位をはかりましたが、清朝滅亡により、チベットは占領軍を降伏させます。やがてインドに逃れたダライ・ラマ13世はラサに戻り、1913年、チベットの独立を宣言しました。

チベットを知るための入門書に、**石濱裕美子編著『チベットを知るための50章』**(エリア・スタディーズ、明石書店、2004)、**山口瑞鳳『チベット』**(上・

があります。宇宙の成り立ちや、仏教の生成とチベットへの伝来など、壮大なスケールでチベットの歴史が語られます。巻末の「用語集」では、チベット仏教を理解するために必要なキーワードがわかりやすく解説されています。

5 文成公主をヒロインとする歴史大河ロマン小説に、毛利志生子『風の王国』(集英社文庫、2014)があります。もと集英社コバルト文庫の人気シリーズだけあって、読み始めたらとまりません。

第13章　幻想と政治のはざま　ダライ・ラマのいないチベット

下、東京大学出版会、1987・2004）があります[6]。中国政府の視点に沿って書かれたものに、**A.T. グルンフェルド『現代チベットの歩み』**（八巻佳子訳、東方書店、1994）があります。チベット政府の主張とは異なる見方を知ることもまた、チベットについて考える手がかりとなるでしょう[7]。

チベットへの道

『流転のテルマ』（蔵西、講談社、2014-）は、西チベットを冒険することになった日本の大学生の視点を通して、チベットの風景や文化を楽しむことのできるマンガです。**角幡唯介『空白の五マイル──チベット、世界最大のツアンポー峡谷に挑む』**（集英社、2010）は、大学の探検部に所属していた著者が、人跡未踏の秘境をめざして旅に出るノンフィクションです。チベットは、現代においてもなお、旅人にとって「神秘の聖地」といった幻想をかきたてる一面をもっています。

さかのぼれば、中央アジアをめざした探検家の歴史は古く、**漢の武帝**の命によって西域を旅した**張騫**などは、そのさきがけといえるでしょう[8]。ヨーロッパの探検家がチベットをめざすことは、17世紀のキリスト教宣教師に始まり、18世紀末には、チベットは外国人が容易に入ることのできない鎖国状態となりましたが、19世紀になると、イギリスやロシアなど、外国の調査隊が次々にチベットに向かいました[9]。**プルジェワルスキー『黄河源流からロプ湖へ』**（加藤九祚・中野好之訳、白水社、

6　ほかにも、石濱裕美子『世界を魅了するチベット──「少年キム」からリチャード・ギアまで』（三和書籍、2010）は、欧米社会とチベットの接触に焦点を絞り、小説・映画などに見られるチベット・イメージを紹介しています。

7　毛利和子『周縁からの中国──民族問題と国家』（東京大学出版会、1998）の第八章には、ダライ・ラマ側と中国政府側の見解の相違や、1959年のチベット動乱にいたる経緯が整理されており、参考になります。

8　張騫伝説など、古代から19世紀末にかけての「黄河源流」をめぐる探検と西域幻想については、武田雅哉『星への筏　黄河幻視行』（角川春樹事務所、1997）を読むと想像力が刺激されます。

9　中央アジアおよびチベットの探検史やそのルートについては、薬師義美『雲の中のチベット』（小学館、1989）、江本嘉伸『ルポ黄河源流行』（読売新聞社、1986）に詳しく述べられています。

2004)は、ラサをめざし中央アジアを旅したロシアの探検家の記録です。**プルジェワルスキー**（1839-88）はラサに入ることはかなわず、後にスウェーデンの探検家**スヴェン・ヘディン**（1865-1952）もラサ潜入を試みましたが、失敗します。その冒険譚は、**スヴェン・ヘディン『チベット遠征』**（金子民雄訳、中公文庫BIBLIO、2006）につづられています。

聖地ラサをめざした探検家の中には、日本の僧侶もいました。**河口慧海**(かいえ)（1866-1945）は、1900年にヒマラヤを越えてチベットに入り、翌年ラサに到達し、一年あまり滞在します。**河口慧海『チベット旅行記』**（上・下、講談社学術文庫、2015）は、1903年より新聞紙上に連載されると、日本にチベット・ブームを巻き起こしました。そのほか、1913年よりラサに滞在した日本人の記録に、**多田等観**(とうかん)**『チベット滞在記』**（牧野文子編、講談社学術文庫、2009）、**青木文教**(ぶんきょう)**『秘密の国　西蔵**(チベット)**遊記』**（中公文庫、1990）があります。多田等観（1890-1967）は寺院の中で学僧として生活し、ダライ・ラマ13世の信頼を得て、膨大な量の仏典を日本に持ち帰りました。青木文教（1886-1956）は街に住んで調査をおこない、当時のチベットの風景や文物(ぶんぶつ)などを数多く写真におさめています[10]。チベットを訪れた日本人については、**江本嘉伸『西蔵漂泊――チベットに魅せられた十人の日本人』**（上・下、山と渓谷社、1993・94）に紹介されています[11]。

転生するダライ・ラマとパンチェン・ラマ

チベット仏教は〈転生ラマ制度〉を取っており、とくにダライ・ラマとそれに次ぐ高僧である〈パンチェン・ラマ〉は、互いに転生者を認定しあう関係にありました。転生者は、先代の遺言や遺体の状況、神降ろ

---

[10] 両者のなした事蹟は、高本康子『チベット学問僧として生きた日本人――多田等観の生涯』（芙蓉書房出版、2012）、同『ラサ憧憬――青木文教とチベット』（芙蓉書房出版、2013）にまとめられています。

[11] 日中戦争期にチベットに潜入し、ラサで敗戦を迎えた日本人の記録に、木村肥佐生『チベット潜行十年』（中公文庫、1982）、同『チベット　偽装の十年』（中央公論社、1994）、西川一三『秘境西域八年の潜行』上・中・下（中公文庫、1990-91）があります。これらはチベット旅行記としても読みごたえがありますが、日本の近代史を知る上でも貴重な手記です。

第 13 章　幻想と政治のはざまで　ダライ・ラマのいないチベット

しによる託宣、聖なる湖にあらわれるしるしの観察、さらに候補者が先代の遺品を認識できるかどうかなどによって選ばれます。

ダライ・ラマ 14 世の場合、13 世が 1933 年に死去すると、3 歳になる頃に生まれ変わりに認定され、40 年に正式に即位しました。**ダライ・ラマ『ダライ・ラマ自伝』**（山際素男訳、文春文庫、2001）には、14 世が自身の役割をどう引き受けて生きてきたかがつづられています。チベット現代史の一証言としても、転生者の成長過程を描いた教養小説としても、一読の価値のある書物です。

図 13-3　ダライ・ラマ 14 世『ダライ・ラマ自伝』書影より

転生者はラサの僧院で修行し、指導者たるにふさわしい教育を受け、先代の有する地位と財産をすべて受け継ぎます。そのため、転生者の認定は宗教的に重要な儀式であると同時に、政治的なかけひきを含むものとなりやすく、歴史的に見ても**ダライ・ラマ 5 世**（1617-82）の死が長く秘匿され、その間摂政が政治を司った例などがあげられます。

近年では、**パンチェン・ラマ 10 世**（1938-89）の急逝にともない、ダライ・ラマ 14 世と中国政府がそれぞれ別の転生者を認定した「二人のパンチェン・ラマ」問題が起きています。**イザベル・ヒルトン『ダライ・ラマとパンチェン・ラマ』**（三浦順子訳、ランダムハウス講談社、2006）には、パンチェン・ラマ 11 世の認定をめぐるチベット政府と中国政府の攻防について、1999 年までの状況が克明に描かれています。

歴代のダライ・ラマのうち、中国の為政者が交代する激動の時代を経験した 13 世と 14 世、およびその側近の人びとには、とくに高度な政治の舵取りが要求されました。**棚瀬慈郎『ダライラマの外交官ドルジーエフ──チベット仏教世界の 20 世紀』**（岩波書店、2009）は、中国、ロシア、イギリスと対峙し、チベット仏教の独立を守るために奔走した 13 世の

外交官、ブリヤート系モンゴル人**ドルジーエフ**（1854-1938）の評伝です。また、**リンチェン・ドルマ・タリン『チベットの娘——貴族婦人の生涯』**（三浦順子訳、中央公論新社、2003）は、13世、14世と同時代を生きたチベットの貴族女性の自伝です。貴族と寺院を中心とするチベットの伝統的な社会とその変貌が、亡命を経験した知識人女性の視点から、細やかに記録されています。

映画化された**ハインリヒ・ハラー『セブン・イヤーズ・イン・チベット——チベットの七年』**（福田宏年訳、角川文庫ソフィア、1997）は、少年時代のダライ・ラマ14世に、英語や映写機など西欧世界のさまざまな知識を教授する機会を得たオーストリアの登山家の回想です。外国人の目から見た、1940年代のチベットの様子が描かれています。

中国のドキュメンタリー**『ダライ・ラマ』**（白丹監督、1997）[12]には、ダライ・ラマ14世が亡命にいたるまでの経緯が、中国政府の歴史観に沿ってまとめられています。14世やその側近の人びととの回想・評伝とあわせてこの映像を見ると、チベットをめぐる語りが複雑に錯綜（さくそう）する様子が実感できるのではないでしょうか。1950年代、中国のプロパガンダ映像に撮影されたダライ・ラマ14世とパンチェン・ラマ10世の姿を見ることができる点も貴重です。

今後、ダライ・ラマの転生者は、だれが、どのような形で認定するのでしょう。このことについて、14世は次のような言葉を残しています。

「もし、転生者がやり残した仕事を継承できない国に生まれたら、転生者として生まれ変わる意味がない。つまり、私の転生者を必要とするかどうかを最終判断する権利は、チベット国民にある」[13]。

12　中央電視台・五洲伝播中心聯合製作。中国政府の見解を、日本語字幕つきの映像で知ることができます。日本でレンタル、購入が可能です。

13　ダライ・ラマ法王日本代表部事務所サイトより。URLは以下の通り。http://www.tibethouse.jp/dalai_lama/reincarnation/（2016年3月31日確認）。

第13章　幻想と政治のはざまで　ダライ・ラマのいないチベット

チベットの現代

　1949年、中華人民共和国が成立すると、中国共産党政府はチベットに対し、中国の一部となることを求めました。チベット政府がこれに応じなかったため、50年、中国は東チベットより侵攻を開始します。51年5月、チベットは中国との間に〈十七か条協定〉[14]を結びました。その第一条では、「チベット人民はチベットから帝国主義侵略勢力を駆逐し、中華人民共和国という祖国の大家庭に復帰する」と謳われています。ほかにも、人民解放軍のチベット進駐に協力することや、チベットの外交行為に関する一切の権限を中国政府が管理すること、チベットの現行政治制度やダライ・ラマの地位と職権には変更を加えないことなどが規定されています。

　この転換期に、15歳でチベットの政治的指導者となったダライ・ラマ14世は、1954年にはラサから北京に向かい、**毛沢東**［第2章参照］と会談し、交渉の道を探ります。しかし、中国軍とチベットのゲリラ軍との戦闘は激化し、59年、14世はインドに亡命すると、協定を正式に拒否することを宣言しました。

　その後、中国政府によって推し進められてきた〈少数民族政策〉の実態を、チベットの視点から証言したものに、**ツェリン・オーセル『殺劫（シャーチェ）──チベットの文化大革命』**（ツェリン・ドルジェ写真、藤野彰・劉燕子訳、集広舎、2009）、**中原一博『チベットの焼身抗議──太陽を取り戻すために』**（集広舎、2015）があります。

　とはいえ、チベット政府と中国政府との対立は、中国に虐げられるチベットという構図で単純に判断できるものではありませ

図13-4　『殺劫──チベットの文化大革命』

14　正式名称は、「中央人民政府とチベット地方政府のチベット平和解放に関する協議」です。

ん。ダライ・ラマ14世をはじめとするチベット人の亡命は、これまでチベット仏教がモンゴル、清といった帝国に布教し、その援助によって伝統を継承してきた点から見れば、中華人民共和国がもはや施主たり得ないことを見限り、広く海外に布教先を求め、旅立ったととらえることもできるでしょう。

別の角度からチベットを眺めることのできる研究書に、**阿部治平『もうひとつのチベット現代史——プンツォク＝ワンギェルの夢と革命の生涯』**（明石書店、2006）があります。同書は、チベットの命運を天意にゆだねるチベット政府に対して改革を迫り、チベットと中国の間で交渉をおこなったチベット人共産主義者**プンツォク・ワンギェル**（1922-2014）の生涯に焦点をあてています。ダライ・ラマ14世の自伝とあわせて読むことで、チベットの現代史の理解が深まります。

チベット語と漢語でつづられる文学

〈漢化政策〉の進められる状況のもとで、チベットの人びとが精神的、社会的に抑圧されている現実は、報道によってもしばしば取り上げられ、大きな問題として扱われています。しかし、そのいっぽうで、**〈チベット語〉**と**〈漢語〉**〔中国語〕によってつむぎだされるチベットの文学が、いままさに新たな境地を切り開かんとしていることは、あまり知られていない一面ではないでしょうか。

日本の月刊文芸誌『すばる』にも紹介されたチベットの現代文学作家に、**ペマ・ツェテン**（1969-）がいます。チベット語と漢語の両方で小説を発表し、短編小説の名手といわれる彼は、**『チベット文学の現在——ティメー・クンデンを探して』**（星泉・大川謙作訳、勉誠出版、2013）において、チベ

図13-5 『ティメー・クンデンを探して』

第13章　幻想と政治のはざまで　ダライ・ラマのいないチベット

トの伝統的な生活が変化する様子を淡々と描き出しています。その中の一編、「タルロ」は、身分証を作るために村から町へとやってきた羊飼いの男が、町でそれまでの自分の何もかもを失ってしまう物語です。ペマ・ツェテンは、チベット語映画の監督でもあり、文学と映像という双方の媒体で創作をおこなっています。映像化された『タルロ』は、東京、ヴェネツィアなど国際的な映画祭で上映されました。

いま一人、現代チベットの人気作家に、**タクブンジャ**（1966-）がいます。チベット語で書かれた彼の小説集『**ハバ犬を育てる話**』（海老原志穂・大川謙作・星泉・三浦順子訳、東京外国語大学出版会、2015）には、遊牧民の生活にとって欠かせない犬を題材とし、チベットの現状を諷刺するような「犬文学」の短編がおさめられています。[15]

また、チベット現代文学の創始者とされる作家に、**トンドゥプジャ**（1953-85）がいます。彼は、チベット語による散文詩や小説によって、中国の体制下におかれたチベットの人びとに対し、新しい生き方を模索することを示しました。その作品は、『**チベット現代文学の曙――ここにも激しく躍動する生きた心臓がある**』（チベット文学研究会編訳、勉誠出版、2012）で読むことができます。

チベット現代文学には、漢語で書かれた作品も多数あり、むしろこちらのほうが早くから日本に紹介されています。**阿来『空山――風と火のチベット』**（山口守訳、勉誠出版、2012）は、20世紀後半を生きるチベットの人びとを描く壮大な長編の抄訳です。**阿来**（1959-）もまた、チベット語と漢語を運用することのできる作家ですが、執筆は漢語でおこなっています。チベット現代文学は、二種類の言語による作品をどちらも含み、また作家によっては、ふたつの言語を往き来することで新たな表現が生み出されているのです。[16]

15　チベット語によるチベット現代文学では、1980年代の山村の子どもたちの生活を郷愁とともに描くラシャムジャ『チベット文学の新世代　雪を待つ』（星泉訳、勉誠出版、2015）もおすすめです。

16　漢語で書かれた作品の翻訳に、ザシダワ・色波『風馬（ルンタ）の耀き　チベットの新しい文学』（牧田英二訳、JICC出版局、1991）、ツェリンノルブ「アメリカ」（『中国

最後に、現在のチベットを描いた一作、ペマ・ツェテンの「ティメー・クンデンを探して」を見ていきましょう。この小説は、歌舞劇アチェ・ラモの主役「ティメー・クンデン王子」を演じるにふさわしい人物を探す映画監督一行が、チベットの村々をめぐるロードムービーのような味わいの作品で、実際に映画にもなっています。道中、さまざまな人との出会いの後で、映画監督はこんな風に述べます。「この旅を続ける中で、俺は徐々にティメー・クンデンという役がよく理解できなくなってしまったように思えてならないんだ。ひょっとしたら、俺たちすべての人間がティメー・クンデンの性質というものを備えているのかもしれない」。

　ティメー・クンデンとは、乞われれば宝物も自身の妻子も与え、盲目のバラモンには両目をも与えたという慈悲の心をもった伝説の人物です。そのような人物を探す旅は、現代化する生活の中で失われつつあるチベットの精神や、心のつながりを追い求める行為と重ね合わせることができるのかもしれません。

　複数の言語と文化をまたぎ、いまなお生成の途上にあるチベット現代文学は、幻想のチベットでも、政治的に抑圧され虐げられたチベットでもない、現実に生きる人びとの姿を映し出しています。その中にあらわれる喪失と希求の感覚は、チベットの現実に寄り添うとともに、その外側にいるわたしたちの心とも、響き合う可能性をもっているのです。

新鋭作家短篇小説選　9人の隣人たちの声』、桑島道夫編、勉誠出版、2012）があります。また、チベット現代文学や映画についてより詳しく知るには、雑誌『チベット文学と映画制作の現在　SERNYA（セルニャ）』（東京外国語大学アジア・アフリカ言語文化研究所、2013-）や『火鍋子』（翠書房）、季刊『中国現代小説』（蒼蒼社）などを大学図書館で探してみてください。

第 13 章　幻想と政治のはざまで　ダライ・ラマのいないチベット

読んでみよう・調べてみよう！

1　チベットおよび中国の現代史について書かれた書籍を複数読み、現在にいたるまでの経緯を調べてみよう

2　チベットを旅した人の旅行記を読み、そこに描かれる「チベット像」についてまとめ、報告してみよう

3　チベット現代文学の翻訳を読み、発表年代や作家による違い、使用言語による描写のしかたに注目して、感想を話し合ってみよう

第 14 章
21世紀の"鬼子"たちへ

日本鬼子(リーベングイズ)

　中国と聞いて何をイメージしますか？〈PM2.5〉による大気汚染？ それとも〈尖閣諸島〉の領有権をめぐる〈反日デモ〉？〈爆買い〉、はたまた〈中国バブル崩壊〉でしょうか？　中国が南シナ海の〈スプラトリー諸島(中国名「南沙諸島」)〉の岩礁を埋め立てて滑走路を建設していることが、日本および近隣諸国の地域の安全に対する脅威になると懸念されています。

　内閣府によると、日本では8割以上の人が中国に対して「親しみを感じない」と答えています。日本と中国は、経済的なつながりが強くなり、人的交流が増える一方で、政治的に両国の関係は冷え込んでいます。日本から見た中国イメージが悪いように、報道を見るかぎり、中国から見た日本イメージも良くないように見えます。

　本章では〈中華人民共和国〉における日本人像を挙げながら、日中両国における中国・日本イメージについて考えてゆきます。中国の英雄の敵役(かたきやく)として日本人はどのように描かれてきたのでしょうか。なお、本章のタイトルの〈日本鬼子(リーベングイズ)〉とは、日本人に対する、中国語の侮蔑語(ぶべつご)です。

"抗日戦争"から"東方主戦場"へ

　本書でも何度も触れられていますが、話を進める大前提として、中国

---

[1] 外務省のHP (http://www.mofa.go.jp/mofaj/area/senkaku/) には、尖閣諸島の領有権についての日本国の立場がまとめられています。

[2] 内閣府大臣官房政府広報室「外交に関する世論調査」(平成25年10月調査) URLは以下の通り。http://survey.gov-online.go.jp/h25/h25-gaiko/2-1.html (2016年3月31日確認)。

は日本と戦争をしたことがあることを確認しておきましょう。明治期から日本はアジアに軍隊を幾度も派遣しています。特筆すべきは、1937年7月7日の〈盧溝橋事件〉から1945年の日本〈敗戦〉までの8年間の〈日中戦争〉です。中国側はこの戦争を〈抗日戦争〉と呼びます。日本と中国との戦争は、1931年9月18日の〈柳条湖事件〉から〈満洲国〉建国を経て、1945年に日本が敗戦するまでを数えて〈十五年戦争〉とも呼ばれます。

中華人民共和国の国歌「**義勇軍行進曲**」（田漢作詞、聶耳作曲）は、もとは映画『**風雲児女**』（1935）の挿入歌でした。

> 立て！　奴隷になることを望まぬ人々よ！
> われらの血肉をもって新たな長城を築くのだ！
> 中華民族が危機に瀕したとき、誰もが最後の雄叫びをあげるのだ！
> われら心を一つにして、敵の砲火をついて進め！

強烈な歌詞ですが、フランスの国歌「ラ・マルセイエーズ」のように、国歌の歌詞が過激であることは世界的に珍しいことではありません。映画には日本軍の姿がはっきりと現れることはありませんが、この歌詞に見える「敵」とは日本に他なりません。中国における日本との戦争の記憶は、その国歌にも刻まれているのです。

日本において、その人の思想・信条によって、日中戦争に対する見方はさまざまです。1941年からの〈**太平洋戦争**〉も含めて、「侵略」の定義は国際的に決まっていないという政治家もいます。当時は〈**帝国主義**〉の時代だったから、日本の中国進出は仕方のないことだったという人もいます。中国（共産党）嫌いの人のなかには、日本は〈**中国共産党**〉とは戦争をしていない、という人もいます。

中国においても、日中戦争の捉え方は変化しています。中国では、2015年を「中国人民の抗日戦争および反ファシズム戦争勝利70周年を記念する」年と位置づけ、同年から9月3日を"抗日戦争勝利記念日"

第 14 章　21 世紀の"鬼子"たちへ　日本鬼子

に制定しました。これは日本と戦争した聯合国(れんごうこく)の対日戦勝記念日〔VJ デー。9月2日。ミズーリ号での降伏文書の調印日〕に合わせており、中国の世界史的役割をアピールする狙いがありそうです。[3]

　一般に、ものごとはひとつの面からのみ評価が決められるものではありません。〈歴史認識〉というものは国家と国家で完全に一致することはなく、日中戦争に関する政治的、歴史的評価はさまざまです。しかし、どのような美辞麗句(びじれいく)を並べようとも、日本が中国に兵士を送り、それにより、中国に暮らす一般の人々が戦火に巻き込まれ、生命と財産が奪われたのは事実です。日中戦争は日本による中国への〈侵略戦争〉であったという面は否定できません。[4]

　本章は、このような立場に立ちつつ、中国における「日本人像」について見てゆきます。

---

[3]　2015 年、中国の中央電視台は大型のドキュメンタリー番組「東方主戦場」を制作・放映し、日中戦争が世界的な反ファシズム戦争の一部であり、第二次世界大戦における西部戦線に対する東方の主戦場であったことを世界に示しました。
　そもそも、日本の終戦記念日はなぜ8月15日なのでしょうか。終戦記念日にメディアが果たした役割については、佐藤卓己『増補　八月十五日の神話 ── 終戦記念日のメディア学』(ちくま学芸文庫、2014) があります。

[4]　日中戦争については、吉田裕『日本の軍隊 ── 兵士たちの近代史』(岩波新書、2002)、中嶋嶺雄『歴史の嘘を見破る ── 日中近現代史の争点 35』(文春新書、2006)、小林英夫『日中戦争 ── 殲滅戦から消耗戦へ』(講談社現代新書、2007)、加藤陽子『満州事変から日中戦争へ ── シリーズ日本近現代史 (5)』(岩波新書、2007)、服部龍二『外交ドキュメント歴史認識』(岩波新書、2015) などをあわせて読んでみましょう。また、日中戦争の個別的問題について、南京大虐殺については、秦郁彦『南京事件 ──「虚像」の構造』(増補版、中公新書、2007) や北村稔『南京事件の探究 ── その実像をもとめて』(文春新書、2001) などがあります。また、慰安婦については、秦郁彦『慰安婦と戦場の性』(新潮選書、1999)、吉見義明『従軍慰安婦』(岩波新書、1995)、大沼保昭『「慰安婦」問題とは何だったのか ── メディア・NGO・政府の功罪』(中公新書、2007)、朴裕河『帝国の慰安婦 ── 植民地と記憶の闘い』(朝日新聞社出版、2014) があります。また、日中戦争の戦後賠償については、浅田正彦『日中戦後賠償と国際法』(東信堂、2015) に詳しいです。
　日本人作家の記述も日中戦争を考えるうえでは重要です。検閲問題がからむ火野葦平「麦と兵隊」(『土と兵隊・麦と兵隊』新潮文庫、1953)、石川達三『生きている兵隊』(中公文庫、1999) や堀田善衛『時間』(岩波現代文庫、2015) も必読書です。
　日中間で政治問題となる靖国神社参拝問題については、高橋哲哉『靖国問題』(ちくま新書、2005)、上坂冬子『戦争を知らない人のための靖国問題』(文藝春秋、2006)、内田雅敏『靖国参拝の何が問題か』(平凡社新書、2014) などをあわせて読むことを勧めます。

"鬼子"とはなにか

日本語で鬼といえば、イメージするのは節分などの赤鬼でしょうか。そもそも、"鬼"は幽霊を表わす字であり、中国語では"鬼"と読みます。幽霊の意味として日本漢字音で読む場合、「キ」と読むべきです。"鬼"は、中国語では"酒鬼"〔のんだくれ〕という使われ方もしています。

"鬼"は、〈清代〉の〈アヘン戦争〉後、〈帝国主義列強〉が中国に侵出する過程で、幽霊以外の意味も持ち始めます。西洋人を畏怖し憎悪したことば"洋鬼"から派生して、日本の中国侵出により日本人は"東洋鬼"と呼ばれるようになり、日中戦争を経て、"鬼子"〔"子"は接尾辞〕は日本兵の蔑称として定着します。"鬼"という字の用例から中国の人々の憎悪の対象の変遷を読み取ることができます。[5]

中国では"鬼子"はどのように描かれてきたのでしょうか。これに関しては、以下に挙げる書籍に詳しく書かれています。清末の絵入り新聞『点石斎画報』に描かれた日本人像を中心に、中華人民共和国期の映画における日本人像について簡潔にまとめた**武田雅哉『鬼子たちの肖像――中国人が描いた日本人』**（中公新書、2005）。ゲームやドラマに描かれる日本人像に加え、日本鬼子役を演じた役者に取材した**水谷尚子『「反日」解剖――歪んだ中国の「愛国」』**（文藝春秋、2005）。日中の映画における中国人像と日本人像を整理・分析し、中国映画における日本人像とは一線を画す内容にもかかわらず、南京大虐殺を題材にしているため日本では上映が一日しかできていない**陸川監督『南京！ 南京！』**（2009）にも言及する**好並晶「鏡合わせの中国人と日本人――中国映画（スクリーン）に投影される日中両国」**（弓削俊洋『中国・台湾における日本像――映画・教科書・翻訳が伝える日本』東方書店、2011）、抗日映画における日本人像の変遷を簡潔に紹介する**林ひふみ『中国・台湾・香港映画のなかの日本』**（明治大学出版会、2012）、抗日映画・ドラマの概略を紹介する**劉文兵『中国抗日**

---

5 "鬼子"はすべての日本人を指すものではなく、"日本帝国主義者"や"日本軍国主義者"を限定的に指す語でした。現在では、"鬼子"は、日本語の「毛唐」のような外国人に対する罵倒語として、一部の中国の人々が日本人を賤しめるときに使われてもいます。

映画・ドラマの世界』（祥伝社新書、2013）があります。

鬼子(グイズ)ことば

　日本人が知っている中国語といえば、「ニーハオ」〔"你好"、こんにちは〕と「シエイシエイ」〔"謝謝(シエシエ)"、ありがとう〕が挙げられるでしょう。ただ、中国語は〈高低アクセント〉をもつ〈声調言語〉であるため、声調が正しく発音できないと簡単なことばでも通じないことがあります。また、"小籠包(ショーロンポー)"（上海語由来の読み方）のように、〈普通話(プートンホア)〉〔中国語標準語〕の発音（"小籠包(シィアオロンパオ)"）と違うものも少なくありません。中国の人からすれば珍妙な中国語をわたしたちは無意識のうちに話していることがあるのです。

　それと同じように、中国に行くと、「米西米西(ミシミシ)」〔メシメシ〕、「開路(カイルー)」〔帰れ〕などおかしな日本語を耳にすることがあります。これらは日中戦争ものの映画やドラマに登場する"鬼子"が話す〈鬼子ことば〉です。

　この鬼子ことばはどこから来たのでしょうか。〈日清戦争〉に従軍した日本兵が話した中国語は〈兵隊支那語〉と呼ばれていました。また、満洲国へ渡った日本人が〈南満洲鉄道〉沿線の住民とコミュニケーションをとるために用いたことばは〈沿線官話〉と呼ばれ、また〈協和語〉とも呼ばれていました。[6]

　日本のマンガやゲームには、「～アル」、「～アルカ」という語尾をつけて話すキャラクターがよく登場します。高橋留美子『らんま1/2』のシャンプーや空知英秋『銀魂(ぎんたま)』の神楽(かぐら)などのように、キャラクターに中国テイストを演出するために、セリフにこれらの語尾が多く用いられています。中国人であることを想起させるこのようなことば遣いを、金水

---

[6] これらは一種の〈ピジン言語〉です。ピジン言語とは、異なる言語話者が交易やコミュニケーションをとるために生まれた言語であり、その話者たちの次の世代がそれを母語とした場合は〈クレオール言語〉と呼ばれます。ピジン中国語の研究としては、日本における中国語教育について概説する安藤彦太郎『中国語と近代日本』（岩波新書、1988）があります。また、朝鮮半島や満洲国や中国における日本語と異言語の関係について包括的にまとめた安田敏朗『帝国日本の言語編制』（世織書房、1997）も示唆に富みます。また、桜井隆『戦時下のピジン中国語』（三元社、2015）は豊富な資料からピジン中国語を再構築しています。

敏は〈アルヨことば〉と呼び、あることばの話者の人物像を想起させる特定のことば遣いを〈役割語〉と呼んでいます。金水敏『コレモ日本語アルカ？』（岩波書店、2014）によれば、〈日清戦争〉勝利の後、アルヨことばを話す登場人物には侮蔑的イメージが帯びるようになったといいます。標準的ではないことば遣いは聞き手に違和感をもたらし、それはときに侮蔑や差別に結びつくことにもなります。ネットの掲示板の一部にはアルヨことばで溢れているものもあります。

鬼子ことばは、侵略者や支配者のことばであったと同時に、その状況にあわせて生きようとする人々のことばであったとも言えます。そして、日本兵であることを示す記号として〈抗日ドラマ〉や〈抗日映画〉のなかで、いまなお用いられています。映画やドラマに現れる鬼子ことばには、侮蔑的ニュアンスのほかに、舌足らずな喋り方によるかわいさやおかしみもわずかながらあるようです。

これらの鬼子ことばはどのように広がったのでしょうか。

"紅色経典"の"鬼子"たち

〈中華人民共和国〉の文芸政策を規定したものに、毛沢東の〈文芸講話〉〔1942年の延安文芸座談会における講話〕があります。「文学・芸術は、労働者、農民、兵士に奉仕せよ」に代表されるように、作品の享受者に「政治的に正しい」作品を送ることを作り手に義務づけるものです。この文芸講話に従って、中華人民共和国では、〈抗日戦争〉や〈国共内戦〉に関する実在の人物や実際の出来事に取材にした〈革命歴史故事〉〔中国共産党による革命の歴史を描く物語。革命英雄伝奇〕と呼ばれる〈プロパガンダ〉色の強い作品が生み出されます。[7]

革命歴史故事の代表作に、**知侠『鉄道遊撃隊』**（1954）があります。[8] こ

---

[7] 中華人民共和国期の文学については、『ドラゴン解剖学・登竜門の巻 中国現代文化14講』第五章（関西学院大学出版会、2014）をご覧下さい。

[8] 『鉄道遊撃隊』は邦訳があります。井上隆一訳『鉄道遊撃隊』上中下（大東出版センター、1972。のちに龍渓書舎、1980）。また、鉄道遊撃隊に関する論考には以下のものがあります。中野徹「知侠『鉄道遊撃隊』論——ルポルタージュから小説へ」（『饕餮』第12号、中国

第14章　21世紀の"鬼子"たちへ　日本鬼子

れは、山東省南部に実在した中国共産党系ゲリラ部隊の活躍を描く長編小説です。走り来る列車に飛び乗り、武器弾薬を盗み、抗日活動を行なうゲリラ部隊鉄道遊撃隊の活躍を描くこの作品はたいへんな人気を博しました。この作品は、剣を銃に持ち替えた、昔ながらの〈武俠小説〉〔チャンバラ小説〕的要素もあり、また、中国共産党に教え導かれ、ゲリラ部隊の隊員たちが成長してゆく〈ビルドゥングスロマン〉〔成長物語〕的要素を持っています。

図14-1　連環画『鉄道遊撃隊』
（出典）丁斌曽・韓和平絵『鉄道遊撃隊』第二冊「飛車奪車」33コマ、上海大学出版社、2002

　革命歴史故事は、小説以外にも、映画、〈連環画〉〔1ページ1コマの絵とキャプションで構成される絵物語〕、演劇など、さまざまな媒体に改編され、より多くの人々に享受されてゆきます。ちょび髭にメガネ、ハゲ、デブといった特徴が、〈ステレオタイプ〉の"鬼子"像です。悪玉として描かれますが、どこかユーモラスな面をも持ち合わせています。

図14-2　鳩山　連環画『紅灯記』
（出典）浙江美術学院《紅灯記》連環画創作組編絵『紅灯記』、浙江人民美術出版社、1970

　プロパガンダ作品には見る価値はないと侮（あなど）るのは早計です。〈文化大革命〉時期の〈革命模範劇〉は、映画となり中国全土に供給されました

人文学会、2004）、中野徹「描かれない暗部――鉄道遊撃隊物語において消えた性、暴力」（『野草』第77号、中国文芸研究会、2006）。

9　中華人民共和国の文化を語るうえで連環画は非常に面白いメディアです。『連環画研究』（連環画研究会、2012～）ではさまざまな角度から連環画を分析しています。

が、その映像は、善玉と悪玉の構図、アングル、ライティングすべてにおいて凝っており、アクロバティックな殺陣のシーンや役者の身体能力には目を見張るものがあります。当時の文芸政策という規定のなかで芸術的な完成度はかなり高く、近年は演劇のリバイバル公演も行われています。[10]

増殖する"鬼子"たち

1994年、江沢民(こうたくみん)(1926-)が国家主席のときに、〈愛国主義教育〉が重視されると、革命歴史故事は〈紅色経典〉(こうしょくけいてん)〔赤い古典〕と呼ばれ、再び脚光を浴びます。ドラマや映画に再び映像化され、紅色経典のリメイクブームが起こります。その理由として3点が考えられます。

ひとつに、作品の知名度が高いため、宣伝費がかからない点。次に、原作に戦闘シーンが多く、アクションシーンが映像化すると映える点。さらに、作品そのものが脚色しやすいという点。紅色経典の多くの作品では、中国共産党のもとにある登場人物は過ちをほとんど起こさず、常に正しい行動をします。そのため、登場人物の成長の幅がありません。また、抗日活動を行なう中心的な人物のほとんどが男性であり、女性が活躍する描写は多くありませんでした。作中に女性の登場人物を追加することで、お色気シーンを加えることもできます。作品自体に脚色の余地が多く残されていることもリメイクされる要因といえるでしょう。

愛国主義教育の導入により、これらの作品の舞台やゆかりの土地に作

---

10 文化大革命期のプロパガンダ芸術については、牧陽一・川田進・松浦恆雄『中国のプロパガンダ芸術 ── 毛沢東様式に見る革命の記憶』(岩波書店、2000)が必読書です。文化大革命期の中国を宣伝から読み解く草森紳一『中国文化大革命の大宣伝』上下(芸術新聞社、2009)もたいへん面白いです。また、武田雅哉『よいこの文化大革命 ── 紅小兵の世界』(廣済堂ライブラリー、2004)は、児童書の受容から、毛沢東による奪権闘争がもたらした惨禍という文化大革命の歴史的評価だけでは見えない、当時を生きるこどもたちを取り巻く状況にスポットライトをあてています。文革期の女性表象を整理し、戦争の記憶と革命叙事について論じた田村容子「革命叙事と女性兵士 ── 中国プロパガンダ芸術における戦闘女性像」(『地域研究』vol.14 No.2、京都大学地域研究統合情報センター、2014.9)は文革期の芸術を考えるうえで非常に参考になります。

られていた記念館が〈愛国主義教育基地〉に認定されるようになります。2000年代になると、紅色経典のリメイクブームと中国国内の観光業の隆盛にともない、革命の聖地を巡る〈紅色旅游〉〔レッドツーリズム〕も盛んになります。[11]観光による町興しのため、紅色経典ゆかりの土地は観光地として整備がすすみ、新たなに雇用を生み出しています。かつての地元の"英雄"は、いまや金を呼び込む福の神としての性格も持っているのです。

紅色経典という語は、一説には革命歌曲を売るための宣伝文句として使われたのがはじめとも言われています。"紅色"〔赤色〕は革命を象徴する色であり、中国国旗の〈五星紅旗〉の赤色は、社会主義・共産主義を象徴しています。しかし、その赤色は、本来、無縁であるはずのお金と強く結びついているのです。

日本人が演じる"鬼子"

先に見たように、中国の抗日映画では、中国人役者が日本人役を演じてきました。中国のお正月映画の主演俳優としても知られる葛優（かつゆう）の父親葛存壮（かつそんそう）のように鬼子役者として有名になった人物もいます。

1980年代以降、中国に日本からの留学生が増えると、留学生が映画に参加するようになります。[12]そして、2000年代になると、日本で活躍する俳優も中国映画に出演するようになります。[13]姜文（ジャン・ウェン）監督『鬼が来た！』

図14-3 『鬼が来た！』DVD、パイオニア、2002

---

11 "紅色旅游"については、高山陽子『民族の幻影——中国民族観光の行方』（東北大学出版会、2007）、『中国21』vol29（愛知大学現代中国学会、2008.3）が詳しいです。

12 留学生であっても、時に重要な役を演じることもあります。呉子牛監督「国歌」(1999)では、留学生がエキストラとして大陸浪人に扮していますが、彼らは主人公の田漢が「義勇軍行進曲」を作詞するきっかけを作っています。

13 香川照之「故郷の香り」(2003)、中井貴一「ヘブン・アンド・アース　天地英雄」

(2002)での**香川照之**(1965-)の怪演は圧巻です。

中国映画に出演した役者たちの体験記に香川照之『**中国魅録——「鬼が来た！」撮影日記**』(キネマ旬報、2002)や中井貴一『**日記——「ヘブン・アンド・アース」中国滞在録**』(キネマ旬報、2004)があります。映画撮影の違い、日本と中国の文化の違いに翻弄されながら、ことばの壁に立ち塞がれ、劣悪な環境下に身をおきながらも、役に取り組む様が活写されています。中国のもつエネルギーを体感できる魂の記録です。

図14-4　矢野浩二
(写真提供：株式会社オスカープロモーション)

中国で活躍する日本人役者で忘れてはいけないのが**矢野浩二**(1970-)です。日本での仕事がうまくゆかず大陸に渡った矢野浩二はチャンスを手にします。矢野は鬼子役を演じ、その死に際にひとすじの涙を流しました。彼の涙は、"鬼子"も血の通った人間であると中国の一部の人々の心を打ちました。矢野浩二は、ドラマ「記憶の証明」(2003)や「鉄道遊撃隊」(2005)で日本人役を演じ好評を得て、いまや中国で一番人気のある日本人俳優となりました。**矢野浩二『大陸俳優——中国に愛された男』**(ヨシモトブックス、2011)は単身大陸に渡り、成功を収めた男の記録です。

矢野浩二をはじめ、**渋谷天馬**(1969-)、**三浦研一**(1963-)など、中国の映画やドラマに出演する日本人役者について、日本では中国のプロパ

(2004)、真田広之「promise/ 無極」、中村獅童「SPIRIT」(2006)、「レッドクリフⅠ」(2008)「レッドクリフⅡ」(2009) などがあります。日本では無名ですが女優の前田知恵も活躍しています。「紫日」(2001)、「北京の恋〜四郎探母」(2004)。なお、香港では1950年代から映画界での人的交流が始まっています。

第14章　21世紀の"鬼子"たちへ　日本鬼子

ガンダに手を貸す「国賊」、「売国奴」だと評価する向きもあります。役者たちは仕事として残忍な"鬼子"を演じていますが、演じることを通して、中国の人々と交流を深め、彼らの心を捉え、日本人イメージを少しずつ変えています。役者たちを声高に誹謗中傷することは、日本の偏狭なナショナリズムを国内外に知らしめることになり、結局は日本の国益を毀損することにもつながるようにも思います。

雷撃の抗日

2005年から中国でドラマや映画を制作するには、〈国家広播電視電影総局〉〔日本の総務省管轄の放送放映に関する部署に相当。以下、広電総局と略〕の認可が必要になりました。

紅色経典が次々にリメイクされるなか、紅色経典に原作をもたない抗日作品も作られ、オリジナルの抗日作品も急増しています。なかでも『亮剣』(2005)は高い評価を得ました。

抗日ものでありさえすれば撮影の許可がおりやすいため、上海郊外のロケ地〈横店影視城〉では、連日、複数の抗日ドラマの撮影がされています。史中鵬というエキストラは鬼子役を演じ、一日の撮影で最高8回死んだことがあるとか。いまや抗日ドラマは中国における巨大産業となっているのです。

抗日ドラマは、抗日戦争時期を描く一種の時代劇であり、もはや史実を忠実に描くというよりは、ファンタジー色の強いエンターテイメント作品と言ってよいのかもしれません。恋愛もの、青春もの、ホームドラマであっても、要は抗日のエッセンスが加わればよいのです。抗日ドラマは百花繚乱、まさにやりたい放題の様相を呈しています。[14]

14　抗日ドラマや抗日映画の"鬼子"描写には人権上問題のあるものもあります。馮小寧監督『手を挙げろ！』（原題：『挙起手来』、2005）は、抗日映画のオマージュにあふれる作品ですが、喜劇役者潘長江が演じる"鬼子"中村は知的障害者のように描かれています。風刺と表現の自由の境界を考える必要もあるでしょう。また、コメディータッチの作品のなかにも、時事問題を敏感に反映しているものがあります。「手を挙げろ！」の続編の映画「手を挙げろ！2──阿多丸を追撃せよ」（原題：『挙起手来2──追撃阿多丸』、2010）には、中国の尖閣諸島の領有を主張するシーンが盛り込まれています。

抗日ドラマのなかには、過剰な演出や時代考証を完全に無視した荒唐無稽なものが多く存在します。『抗日奇俠(こうにちききょう)』(2010) は、英雄が手刀で日本兵を真っ二つに切り裂くシーンをはじめ、戦争開始時に「8年間の抗戦が始まったぞ！」という珍妙なセリフが話題を呼びました。
　『向着砲火前進(ほうかにむけてぜんしん)』(2012) では、時代考証をまったく無視した、革ジャンを着てハーレーダビッドソンに乗るイケメン抗日戦士が登場します。
　過剰な演出や杜撰(ずさん)な脚本、歴史的事実とかけ離れた内容で人々を唖然(あぜん)とさせる抗日ドラマは〈雷劇〉や〈神劇〉と呼ばれています。雷劇の雷とはネット用語の"雷人(レイレン)"〔日本のアニメやマンガなどで、電撃で人が倒れる表現〕から来ており、そこから派生して、予想外のことであっけにとられ、ぽかんとしてしまう様を表わします。
　これらの雷劇の荒唐無稽な内容に対して、2013年、広電総局は行き過ぎた抗日ドラマに規制をかけるようになりました。これらの雷劇を喜んで観る視聴者もいるのでしょうが、行き過ぎた表現には冷静に批判的に観ている人も多数存在します。お粗末な作品には、テレビやネットで容赦のないツッコミが入れられており、二次創作（MAD）作品もネットに多くあげられています。
　日本国内で中国の抗日ドラマはけしからんと非難する向きがある一方で、日本のネット界では、"日本鬼子(リーベングイズ)"から「日本鬼子(ひのもとおにこ)」という美少女キャラクターが生み出されました。〈反日〉には〈萌え〉で対抗するという試みです。これは中国のネットでも好意的に受け取られています。中国のネットは自由がないと言われますが、意外にも、ネット空間での議論は冷静で理知的なものも多いのです[15]。
　さて、矢野浩二はテレビドラマ『戦神』(2014) のなかで、凶悪な殺人者としての"日本鬼子"ではなく、苦悩する日本人役を演じました。中国における日本人の描かれ方は、国家間の政治的関係によって大きく影

15　中国のインターネット事情に関しては、渡辺浩平『中国ネット最前線──「情報統制」と「民主化」』（蒼蒼社、2011）、山谷剛史『中国のインターネット史──ワールドワイドウェブからの独立』（星海社新書、2015）などが詳しいです。

響を受けますが、少しずつではあるものの、変化が起きているのです。
　本章でも紹介した『鉄道遊撃隊』は、戦後70周年にあたる2015年に4度目の映像化が発表され、2016年に**ジャッキー・チェン**（成龍）主演で公開されます。抗日ものの代表ともいえるこの物語をはじめ、今後中国ではどのように日本人や日中戦争が描かれてゆくのでしょうか。歴史を軽視した雷劇のような作品はエンターテイメントとしてこれからも量産されるでしょう。しかし、どのような描かれ方をされるにせよ、抗日作品は一種の文化現象として興味深いコンテンツなのです。

「中国」について考えるために

　日本の本屋には、韓国批判の〈**嫌韓本**〉と並んで、中国批判の〈**嫌中本**〉もところ狭しと並べられています。これらの本は、海外からの旅行客を迎える玄関である国際線のターミナルにある本屋にも平積みされています。そのタイトルには、中国崩壊を予言するような過激な文言が並んでいます。〈**ヘイトスピーチ**〉のような、他国の珍現状を露悪的にあげつらい、特定の民族に対する憎悪で民族排斥を煽動するものは論外ですが、中国の社会問題に対して冷静な視点で分析するものもあります。
　渡邉哲也『ヤバい中国』（徳間書店、2014）は、いち早く中国バブル崩壊を論じています。彼は経済用語の〈**ポジショントーク**〉〔自らの立場に利益をもたらすように市場に影響を与える情報を流すこと〕を例にして、すべての言説は、ある種のポジショントークであるといいます。この視点は、中国に限らず、情報について考えるときに重要です。**石平・有本香『リベラルの中国認識が日本を滅ぼす――日中関係とプロパガンダ』**（産経新聞出版、2015）は、日本における中国報道の問題点をえぐり出しています。情報を鵜呑みにせず、その発言者の立ち位置、その情報を流すメディアの意図を考える〈**メディア・リテラシー**〉はこれからさらに重要になるでしょう。中国情報に限らず、わたしたちの周りには、全体の一部を都合よく切り取った「断章取義」的な報道や文章が多くあります。テレビやネットの情報をつまみ食いするだけではなく、広く情報を集め、全

体像をとらえた上で考えることが大切になります。情報の送り手側だけではなく、情報の受け手である私たちの受け止め方も大切なのです[16]。

ニュースで見る中国の報道官の言動が気に食わないと思う人も多いかもしれません。それもそのはず、報道官たちは中国の国益を代表して発言しているからです。しかしながら、当然、中国13億人の人々の考えがすべて報道官の意見と一致するわけではありません。国家と個人の考えは切り分けて考えなければなりません。

「中国」＝〈反日〉と決めつけてしまうのは一種の思考停止です。かといって〈親日〉だと思い込むのは短絡的です。中国にはさまざまな考えを持つ人がいます。中国共産党の機関紙『人民日報』の論説員時代の2002年に、〈対日新思考〉を打ち出したことで知られる馬立誠『憎しみに未来はない――中日関係新思考』（及川淳子訳、岩波書店、2014）や、回族の作家として知られ、中国に批判の目を向けながらも抑制的に日本論を展開する張承志『中国と日本――批判の刃を己に』（梅村坦監訳、亜紀書房、2015）は、今後の日中関係を考えるうえで示唆に富んでいます。

毛丹青、蘇静、馬仕睿『知日――なぜ中国人は、日本が好きなのか！』（潮出版社、2015）は、2011年、尖閣諸島で中国の漁船が海上保安庁の巡視船に衝突したことをきっかけに中国国内で反日デモが大規模に起こった直後に創刊された日本を紹介する人気雑誌です。「奈良美智」、「萌え」、

---

16 インターネットで中国関係のニュースを集めたサイトには、サーチナ（http://www.searchina.net）やレコードチャイナ（http://www.recordchina.co.jp）などがあります。そのほか、チャイナウォッチャーのサイトも有用です。「KINBRICKS NOW」の高口康太の分析は現代中国を考えるうえで非常に面白いです。高口の現代中国論に『なぜ、習近平は激怒したのか――人気漫画家が亡命した理由』（祥伝社新書、2015）があります。

代表的な中国論者としては、以下の人々の著作は注目です。ブロガーとしても知られる経済学者梶谷懐には『日本と中国、「脱近代」の誘惑――アジア的なものを再考する』（太田出版、2015）があります。ネットやラジオでもひっぱりだこの中国ウォッチャー福嶋香織『本当は日本が大好きな中国人』（朝日新書、2015）。現場の徹底した取材で鋭く中国の問題をえぐるルポライター、麻生晴一郎『反日、暴動、バブル――新聞・テレビが報じない中国』（光文社新書、2009）、『変わる中国――「草の根」の現場を訪ねて』（潮出版社、2014）。新進気鋭のノンフィクション作家安田峰俊『知中論――理不尽な国の7つの論理』（星海社新書、2011）、経済から現代中国を読み解く津上俊哉『巨龍の苦闘――中国、GDP世界一位の幻想』（角川新書、2015）があります。

第 14 章　21 世紀の"鬼子"たちへ　日本鬼子

「妖怪」などさまざまな特集を組み、売り上げは多いときには 10 万部を超えるといいます。「親日」、「反日」でもなく、無関心を決め込むわけでもなく、まずは日本について知ろうというスタンスをとっています。テレビに映る爆買いに興じる中国人とは違う一面がこれらから読み取れるのではないでしょうか。[17]

そもそも「中国」について私たちはどれだけ知っているのでしょうか。長い歴史に育まれてきた中国文化について 55 のキーワードで短くまとめ、読者の好奇心を刺激する**武田雅哉、加部勇一郎、田村容子編著『中国文化　55 のキーワード』**（世界文化シリーズ、ミネルヴァ書房、2016）は、テレビやネットだけではわからない中国文化の面白さを教えてくれます。

図 14-5　武田雅哉、加部勇一郎、田村容子編『中国文化 55 のキーワード』ミネルヴァ書房、2016

本章で紹介した書籍のラインナップ自体が一種のポジショントークといえるかもしれません。何事も、自分にとって都合のよい、聞こえのよい意見にだけに耳を傾けるのではなく、さまざまな立場の意見を聞き、自分の頭で考えることはとても大切です。そして、対象について知ろうという姿勢がきわめて重要です。これからの"日本鬼子"像を変えるのは、わたしたち一人一人の行動にかかっているのかもしれません。

17　現場に立つジャーナリストの試行錯誤を綴った柴静著、鈴木将久、河村昌子、杉村安幾子訳『中国メディアの現場は何を伝えようとしているのか』（平凡社、2014）も、ありきたりな中国イメージとは一線を画す、現代中国の一側面を伝えてくれます。

読んでみよう・調べてみよう！

1 　中国に関する日本の新聞記事を二紙以上読み、違いを報告しよう

2 　熊谷紳一郎編『私たちが戦後の責任を受け止める 30 の視点』（合同出版、2015）などを読み、日中戦争について考えたことを報告しよう

3 　日本映画における中国人表象について考えてみよう

あとがき

　『ドラゴン解剖学・登竜門の巻　中国現代文化14講』を刊行してから2年の歳月が経ちました。その間、モダニズム研究会のメンバーで新たな原稿を持ち寄り、お互いにチェックと修正を重ね、今回ようやく本書『ドラゴン解剖学・竜の子孫の巻　中華文化スター列伝』の刊行にたどり着くことができました。

　一冊目の『中国現代文化14講』では、身近な文学、言語、演劇、映画や美術などのジャンルを入り口として、強面(こわもて)なイメージのある中華圏の文化と歴史にみなさんが興味を持てるよう心がけながら、本を作りました。二冊目の本書では、「はじめに」でも記されている通り、主役に「人」を据え、「のっぺらぼう」に見られがちな中華圏の人々の、血も涙もある素顔を映し出し、その地の文化と歴史の魅力を伝えられれば、と思っています。

　「地大物博」とは、中国の土地の「広大さ」、資源の「豊かさ」をあらわす四文字熟語ですが、この言葉が有するイメージは、これまで中華圏が輩出してきた人材の「層の厚さ」にも当てはまるでしょう。本書では、そのなかでも中国近現代史に名を残す人物を選び、14章に分けて、執筆者が自由な角度からその生涯を紹介しています。

　本書の特色として次の二点が挙げられます。一つは、登場する人物は多彩な分野に散らばっていますが、いずれもナショナリティやジェンダーなど新旧の概念のはざまで葛藤しながら、自らの価値観と人生を追求した面に焦点が当てられていることです。もう一つは、実在の人物だけでなく、キャラクターも対象となっていることです。人々の想像世界に生き続けるキャラクターは、政治的な操作のもと作られることもありますが、多くの場合は、人々の願望を反映させながら姿を変えてゆくものであり、まさに中華圏の人々の「貌(かお)」の一部を成していると言えるでしょう。

2016年現在、世の中はなんとなく他者を排除し、文化の多元性を否定する偏った方向へと動いているかのように思われます。しかし、他者との付き合いを通して、私たちが生きている世界の外側にはさらに異なる世界が広がり、そこでも「普通」の人たちが生活していることに目を向けてこそ、生の豊かさを味わえるのではないでしょうか。本書が中華圏の人々の多様な表情を伝え、ステレオタイプ化された中国像を解体する手助けとなれば幸いです。

　なお、本書の最後に付された執筆者一覧「中華圏　わたしのおススメ」は、執筆者が留学先や旅先で見つけた「おススメ」が紹介されていますので、クスリと笑いながら一読してください。

　最後になりましたが、今回も細かい編集作業に丁寧に対応していただいた関西学院大学出版会編集部の戸坂美果さんには、大変お世話になりました。深く感謝の意を表します。

中村みどり

中国地図

新疆ウイグル自治区
・ウルムチ

青海省
西寧・

チベット自治区
・ラサ

四川省

昆明・
雲南省

執筆者一覧

＊中華圏　わたしのおススメ

中村みどり　（なかむら　みどり）　神奈川大学 …………… 第1章・あとがき
　＊湖南省長沙にある老店「火宮殿」の臭豆腐
　　五感にひびく唐辛子と発酵のうま味。一見素朴な湖南料理の奥深さ

齊藤大紀　（さいとう　ひろき）　富山大学 ………………………… 第2章
　＊「斯大林（スターリン元ソ連首相）」の絵入りトランプ
　　ただし、このトランプで「大富豪大貧民」は禁止。惨劇が起こるかもしれない

大野陽介　（おおの　ようすけ）　大阪市立大学等非常勤講師 ………… 第3章
　＊上海福州路にあるユースホステル「船長青年酒店」
　　本を買うにも芝居を観るにもご飯を食べるにも便利。しかもきれいで安い

大東和重　（おおひがし　かずしげ）関西学院大学 ……………… 第4章
　＊台南の古本屋「草祭二手書店」と「府城舊冊店」
　　古書の街台南、おしゃれな店構えなら「草祭」へ、漁書の醍醐味は「府城」にあり

城山拓也　（しろやま　たくや）　立命館大学 …………………… 第5章
　＊音楽プロデューサー「張亜東」
　　本物のポップスを聴かせてくれる、数少ない音楽制作者の一人

神谷まり子　（かみや　まりこ）　日本大学 ………………………… 第6章
　＊台湾東部を通る「花東海岸公路」
　　青い海と山々の絶景、（電動）自転車でいつか台湾一周してみたい

藤野真子　（ふじの　なおこ）　関西学院大学 …………………… 第7章
　＊上海富民路「毛太設計」のシノワ風衣料
　　X姐に縫ってもらったマオカラーのジャケット、学内行事で大活躍中

及川　茜　（おいかわ　あかね）　神田外語大学 ………………… 第8章
　＊台湾のシンガーソングライター「ペイジ・スー（蘇珮卿）」
　　ハープの弾き語りというユニークなスタイル。インド風の変拍子も心地よい

高橋　俊（たかはし しゅん）　高知大学 ………………… はじめに・第 9 章
　＊NBA で活躍する（しそうな）中華系選手
　　すでに活躍中のジェレミー・リンに続き、2016 年ドラフトでは周琦ら 2 選手が指名

赤松美和子　（あかまつ みわこ）　大妻女子大学 ………………… 第 10 章
　＊台湾・新北市瑞芳区の「鼻頭角」
　　太平洋と東シナ海の境界に位置する岬。見極められない海の境界線を眺められる

杉村安幾子　（すぎむら あきこ）　金沢大学 ………………… 第 11 章
　＊ロバート・ファン・ヒューリックの「ディー判事シリーズ」（早川書房など）
　　唐代に実在した狄仁傑を主人公にした推理小説。厳しくもあたたかい裁定にホロリ

中野 知洋　（なかの ともひろ）　大阪教育大学 ………………… 第 12 章
　＊湖南省湘西の「辺城鎮（旧名茶峒鎮）」
　　沈従文の代表作『辺城』の舞台、水と緑に囲まれた苗族の村。渡し船を下りた対岸の重慶で、トウモロコシ酒を購入

田村 容子　（たむら ようこ）　福井大学 ………………… 第 13 章
　＊ロシアとの国境のまち「黒河」
　　黒竜江（アムール川）の対岸はロシア、キリル文字と漢字の交錯する異空間

中野　徹　（なかの とおる）　近畿大学 ………………… 第 14 章
　＊山東省青島の「青島啤酒博物館」
　　中国のビール史を学んだ後は青島啤酒で乾杯！博物館前には青島名物の袋ビールも

中国モダニズム研究会

略　歴
2009 年 10 月	研究会の結成について協議
2010 年 7 月	第１回研究例会を開催、以降年に 2-3 回の例会を開催中
2011 年 12 月	富山大学環日本海地域研究シンポジウム「中華圏のモダニズム」を開催
2012 年 9 月	中国文芸研究会の夏期合宿で特集「中国モダニズム」を組む
2013 年 2 月	中国文芸研究会の機関誌『野草』第 91 号で特集「中国モダニズム文学を読み直す」を組む
2014 年 10 月	『ドラゴン解剖学・登竜門の巻――中国現代文化 14 講』刊行
現　在	モダニズム研究以外に、「一発屋の研究」・「中華圏の都市と文学」などの共同研究、本シリーズ「ドラゴン解剖学」執筆などの活動を展開中

ドラゴン解剖学　竜の子孫の巻
中華文化スター列伝

2016 年 10 月 10 日 初版第一刷発行

著　者	中国モダニズム研究会
発行者	田中きく代
発行所	関西学院大学出版会
所在地	〒662-0891 兵庫県西宮市上ケ原一番町 1-155
電　話	0798-53-7002
印　刷	大和出版印刷株式会社

©2016 Chinese Modern Literature Association in Japan
Printed in Japan by Kwansei Gakuin University Press
ISBN 978-4-86283-227-6
乱丁・落丁本はお取り替えいたします。
本書の全部または一部を無断で複写・複製することを禁じます。